내일 세상을 떠나도
오늘 꽃에 물을 주세요

3천 명의 삶의 마지막을 위로한
감동의 언어 처방전

내일 세상을 떠나도
오늘 꽃에 물을 주세요

히노 오키오 지음 | 김윤희 옮김

INFLUENTIAL
인 플 루 엔 셜

끝내 말씀으로
승리하십시오

—나태주(시인)

세상에 이런 책이 있고 이런 의사 선생님이 있다니 놀라운
일입니다. 감사한 일입니다. 한번 죽을병에 걸려보았던 사람은
압니다. 의사 선생님이나 간호사 선생님의 눈빛 하나 표정 하나
가 얼마나 중요하게 환자의 마음에 와서 작용하는가 하는 것을
말입니다. 하물며 의사 선생님의 따스하고 긍정적인 말 한마디
는 그 어떤 약이나 주사보다도 힘이 있습니다.

그것은 내가 체험을 해봐서 압니다. 나는 13년 전 쓸개가 완
전히 파열되어 죽을 사람으로 내박쳐졌던 사람이었습니다. 그
런데 살았습니다. 많은 요인이 있었겠지만 의사 선생님들의 따
스한 눈빛과 말씀의 힘으로 살았습니다. 또한 간호사 선생님

들의 살가운 보살핌과 말씀으로 더욱 좋아졌습니다.

병든 사람을 살리는 것은 약이나 주사나 기계만이 아닙니다. 인간은 다분히 감정적인 존재입니다. 하물며 암에 걸린 분들에게는 더욱더 이 감정적인 위로나 이해나 응원이 중요하게 작용할 것입니다. 그야말로 물에 빠져 허우적대는 사람입니다. 그에게 지푸라기 하나라도 주어서 의지하게 하고 위기에서 탈출하게 하는 일은 매우 아름답고도 시급한 일입니다.

인간의 말에는 영성이 있어서 죽을 사람을 살리고 살아 있는 사람을 죽이는 능력이 있습니다. 그걸 충분히 알아서 이 의사 선생님은 환자들에게 '여유로운 모습'과 '위대한 참견'을 아끼지 않는다, 하셨습니다. 우리의 언어 속에 인간의 영성이 살아 있다는 것을 진정으로 믿고 있는 시인의 입장으로 볼 때 이러한 의사 선생님은 위대한 의사 선생님이십니다.

이런 분들이 계시어 세상은 아직도 희망이 있고 살아갈 만한 충분한 가치가 있다고 봅니다. 청진기나 주사기나 약이나 수술 도구보다도 힘이 있는 의사 선생님, 히노 오키오 님의 말씀을 귀 기울여 듣고 거기서부터 살아야겠다는 삶의 의지를 얻어야 할 일입니다.

'내일 세상을 떠나도, 오늘 꽃에 물을 주세요.' 그런 마음 하나라면 충분히 암의 질곡으로부터 빠져나올 수 있습니다. 믿어보십시오. 기다려보시고 참아보시고 시도해보십시오. 나는 한때 주변 사람들로부터 '당신은 암보다 빠져나오기 어려운 질병에 걸렸습니다'라는 말을 들었던 사람입니다.

그런데 병에서 나았고 또 오늘날까지 살아 있는 사람입니다. 죽을병에서 나은 뒤 얼마나 세상이 밝고 아름답고 찬란한지 모릅니다. 날마다가 새날이고 새 세상입니다. 순간순간이 기쁨이고 축복입니다. 부디 이 책을 읽으면서 살아나십시오. 좋아지십시오. 일어나십시오. 바로 서십시오. 그리고는 한 발자국씩 걸으십시오.

진정으로 당신 스스로가 힘이 되고 위로가 되고 용기가 되어 줄 것을 믿습니다.

고통 속에서도
앞으로 나아가고 싶을 때

— 임경선(소설가/에세이스트, 《태도에 관하여》 저자)

고통에 처했을 때 구체적인 지침을 담담하게 제시해 주는 일이, 감상적인 위로나 무책임한 격려보다 훨씬 큰 도움이 된다는 것을 나는 개인적인 경험을 통해 알고 있다. 스무 살부터 여섯 번의 갑상선 암 수술을 받으며 여전히 완치 상태가 아니기 때문이다. 대신 오랜 지병은 나로 하여금 인생의 우선순위를 깨닫게 해주었고, 바로 '지금' 내가 할 수 있는 것을 하면서 살아가게 해주었다.

내 인생의 중심을 잡으려고 스스로에게 나지막이 속삭여온 이야기들을 이 책에서도 한가득 발견할 수 있어서 무척 반가웠다. 살아가는 동안 정말로 중요한 것은 그리 많지 않다는 것. 고로 그것들에 집중해야 한다는 것. 자의식과 자기연민 대신 시선을 타인으로 향해, 이 세상에서의 나의 역할, 즉 '쓸모'를 찾아낼 것. 그렇게 자신의 삶의 의미와 목적을 발견하면서 고통 속에서도 앞으로 나아갈 것.

이 책을 읽노라면 히노 선생의 상담실에서 그와 마주앉아 도란도란 대화를 나누는 기분이다. 그는 잔잔하고 담백한 어투로, 무엇보다도 방문자와 같은 눈높이로 치장 하나 없는 본질적인 '언어 처방전'을 진심을 다해 전한다. 이는 비단 암으로 투병하는 이들뿐만이 아니라 한 치 앞을 내다보기 힘들어 방향성을 잃어가는 현시대의 모든 사람들에게 '왜 사는가'라는 근본적인 질문을 하고 그에 대한 각자의 해답을 찾을 수 있도록 길을 알려준다. 다정하고 고마운 책이다.

돌봄에 관한
새로운 관점을 제시하는 책

—김정숙(삼성서울병원 원목)

　병은 크든 작든 인생에서 가장 커다란 심리적·감정적 어려움을 주는 사건입니다. 언제나 기도와 경청으로 환자들을 위로해보지만 그 깊은 상처를 만져주기에 역부족임을 고민하던 차에 이 책을 읽고 환자 돌봄에 새로운 관점이 열렸습니다. 의료진과 목회자뿐만 아니라 일반 독자들에게도 좋은 책이 될 것입니다.

일러두기
이 책은 《위대한 참견(인플루엔셜, 2016)》의 개정판입니다.

당신의 삶을
단단하게 만드는
한 문장이 있나요?

저는 의사입니다. 암 환자들을 보고 있지요. 여기까지 말하면 의학계에 있는 분들은 고개를 갸웃하실 겁니다. 전문 분야 없이 암 환자들을 본다니, 그게 무슨 말일까?

저는 '암철학 외래'를 맡고 있습니다. 사람은 일평생 수많은 병에 걸립니다. 병을 이겨내서 회복하기도 하고 이겨내지 못해서 죽음을 맞이하기도 합니다.

그중에 암은 가장 무서운 병이지요. 암의 진행 시기에 상관없이 "암입니다"라는 의사의 한마디에 대부분은 '죽음'을 떠올립니다.

설사 치료가 가능하고 완치될 수 있더라도 대부분의 암 환자들은 우울한 증세를 호소합니다. 암에 걸렸다는 사실에 희망을 잃어버린 것이지요.

우울하다는 것만으로는 우울증이라고 볼 수 없으니 약물치료를 할 수도 없습니다. 주변 사람들의 격려나 응원의 말들이 위로가 되겠지만 효과는 일시적일 뿐이지요. 처음에는 마음이 조금 풀려서 긍정적으로 변하기도 하고 기운이 나는 것처럼 느껴질지도 모릅니다. 하지만 혼자 집에 돌아오면 다시 불안과 공포가 밀려오지요.

이 우울한 증상을 해소하려면 환자의 생각 자체를 변화시켜야 합니다. 그런 필요성 때문에 시작한 것이 '암철학 외래'입니다. 저는 그곳에서 환자들에게 '언어 처방전'을 드리지요. '언어 처방전'은 인간의 근원을 건드려주는 문장입니다.

삶의 마지막을 위로한
한 문장의 힘

2008년 1월, 의사와 암 환자 사이의 틈새를 메우기 위한 첫걸음을 내디뎠습니다. 암철학 외래가 그것이지요. 의사와 환자가 대등한 입장에서 암에 관한 이야기를 나눌 수 있도록 시범적으로 특별 외래를 개설한 것입니다.

장소는 준텐도 대학 의과대학 부속병원. 처음 이 시스템을 제안한 사람은 준텐도 대학 의학부에서 종양병리학 교수를 맡고 있는 병리학자 히노 오키오, 바로 저입니다.

우리 병리학자들은 외래를 보는 임상의와 달리, 환자들을 대면할 기회가 거의 없습니다. 연구실에서 암세포와 씨름하거나 운명하신 분의 병리해부(시신을 해부해서 죽음에 이르게 된 원인을 해명하는 것)를 하는 것이 주 업무이기 때문이지요. 그런 제가 연구실을 뛰쳐나와 직접 환자들을 만나기 시작한 것이 암철학 외래입니다.

암철학 외래에서 저와 환자 사이에 놓여 있는 것이라곤 차와 과자뿐입니다. 주삿바늘도 청진기도 종이도 펜도 없습니다. 면담 내내, 저는 의사가 아니라 전문적 식견을 가진 한 인간으로서 환자와 마주할 뿐이지요.

면담에 걸리는 시간은 한 시간 남짓. 환자가 "이렇게 오래 상담해도 괜찮으세요?" 하고 걱정할 정도로 충분한 시간을 갖습니다.

저는 한껏 '여유로운 모습'으로 환자와 그 가족들에게 '위대한 참견'을 합니다. '여유로운 모습'과 '위대한 참견'이 무엇인지는 본문에서도 언급하겠지만, 저는 현재 의료 현장에서 결정적으로 부족한 것이 이 두 가지라고 생각합니다.

의사는 환자 앞에서 일종의 '여유'가 있어야 합니다. 한 인간의 생명이 달린 일인데 어떻게 그렇게 한가한 태도를 지닐 수 있느냐고요? 그러나 그것이 진정 의사가 할 일입니다. 무엇보다 의사는 환자 앞에서 바쁜 티를 내면 안 됩니다. 그런데 지금의 의사들은 어떤가요? 너무나도 바쁘고, 정신없고, 심각합니다.

또 의사에겐 '참견'이 필요합니다. 어떤 의사들은 환자와의 대화를 아낍니다. 환자의 인생은 그 사람의 것이니 쓸데없는 말을 해서 혼란에 빠뜨리면 안 된다고 생각하는 것이지요. 하지만 환자의 입장에서도 그럴까요?

환자들은 의사의 말을 소중하게 여깁니다. 주변 사람들의 백 마디 응원보다 의사의 한마디에 기운을 차리기도 하지요. 그렇기 때문에 저는 환자와 환자 가족들과의 대화가 매우 중요하다고 생각합니다.

암철학 외래에서는 약 처방이나 의학적 치료는 일절 하지 않습니다. 그 대신 면담을 오는 환자 한 사람 한 사람과 충분한 대화를 나눕니다. 일종의 '언어 처방'이지요. 물론 그 처방은 환자의 상태나 상황에 따라 달라집니다. 감기나 고혈압, 당뇨병 등 질환에 따라 약이 달라지듯이 언어 처방전도 환자의 증상만큼 다양합니다. 하지만 기본적으로 삶을 단단하게 만들어주는 언어라는 점에서는 같습니다.

생명보다
더 소중한 것이 있다

이 책은 제가 암철학 외래를 하며 나누었던 언어 처

방전을 독자 여러분과 나누기 위해 쓴 것입니다. 평범한 일상을 살아가는 건강한 이들에게는 이런 처방전이 필요하지 않을 수도 있습니다. 하지만 인간은 언젠가는 소멸하는 존재입니다. 우리에게 주어진 시간은 유한하고요. 그런 점에서 우리는 매일매일 죽음을 향해 가고 있는 존재가 아닐까요?

그렇기에 암이라는 병을 계기로 자기 삶의 본질과 마주하게 된 이들과, 아무 생각 없이 하루를 보내는 우리는 다를 게 없습니다. 저는 이 언어 처방전들이 일종의 예방 주사와 같은 역할을 하기를 기대합니다.

이 책의 제목이기도 한 '내일 세상을 떠나도 오늘 꽃에 물을 주세요'라는 말은 제가 암철학 외래 진료를 할 때 즐겨 쓰는 말 중 하나입니다. 독일의 종교개혁자 마틴 루터가 한 말을 제 나름대로 정리한 것인데, 이런 의미가 있습니다.

'생명보다 소중한 것은 없다. 목숨이 제일 중요하다'라고 생각하지 마라. 물론 생명은 정말 소중하고 중요하지만, '자신의 생명보다 중요한 것이 있다'라고 생각하면 우리는 더욱 행복한 인생을 살 수 있다.

'생명이 그 무엇보다 소중하다'라고 생각한다면, 죽음은 부정적인 것이 되어버립니다. 그 순간부터는 죽음을 두려워하고 불안해하면서 지낼 수밖에 없지요.

생명보다 소중한 것을 찾기 위해 자기 이외의 것, 즉 내면에서 외부로 관심을 돌려보십시오. 당신에게 주어진 인생의 역할과 사명을 바라보십시오.

그렇게 찾아낸 역할과 사명을 인생의 마지막 순간까지 고민해보는 겁니다. 다시 말하면 내일 이 세상을 떠난다 해도 오늘은 꽃에 물을 주어야 한다는 이야기입니다.

우리 각자에게는 주어진 역할과 사명이 있습니다. 예를 들면 가족에게 상냥하게 대하는 것일 수도 있고, 자기보다 어려운 사람을 돕는 것일 수도 있습니다. 혹은 좀 더 원대한 것, 세상을 바꾸는 중대한 사명을 이루어야 할지도 모릅니다. 사람마다 모두 다릅니다. 정답은 없지요. 제가 할 수 있는 일은 상담하면서 그 힌트가 될 만한 말들을 선물로 주는 정도입니다.

건강하고 행복하게 지낼 때는 자신의 역할과 사명을

고민하지 않습니다. 고민하지 않아도 잘 살고 있기 때문입니다. 하지만 큰 병에 걸리거나 어려운 상황에 처하면 삶에 대한 의문이 생겨나고, 감정의 소용돌이에 휘말립니다. 지금까지 걸어온 인생을 되돌아보며 한탄하거나 앞으로의 인생을 걱정하기도 합니다.

사람은 목적을 잃어버리면 약해집니다. 살아갈 이유를 잃게 됩니다. 반대로 인생의 역할이나 자기만의 사명을 발견하면 사람은 단단해집니다. 목적이 분명하니 어떤 일에도 흔들림이 없습니다. 역할과 사명이 있느냐 없느냐에 따라 수명조차 달라집니다. 저 역시도 '인간의 수명은 본인이 어떻게 마음먹느냐에 달렸다'라고 확신할 만한 일들을 여러 번 보았으니까요.

인생을 뒤바꾼
값진 문장들

암철학 외래에 오시는 환자분들은 언어 처방전으로 한층 기운을 얻고 갑니다. 자기 안에 빛을 발견한 것처럼 상기된 표정으로 방을 나섭니다. 지금까지 이곳을 찾은 분 중 상태가 더 나빠진 분은 없었습니다. 부작용이 전혀 없는 처방인 셈이지요.

살다보면 하기 싫은 일, 괴로운 일 한두 가지쯤은 있기 마련이고, 꼭 중병에 걸리지 않더라도 그보다 더 고통스러운 일에 직면하기도 합니다.

그럴 때 이 책에서 소개하는 언어 처방들을 떠올려보십시오. 그 문장을 떠올리면 그것을 축으로 하는 사물이나 상황이 연상될 것입니다.

우리는 '좋은 말'을 하고 '좋은 말'을 들으면 지금보다 훨씬 즐겁게 살 수 있습니다. 그 문장을 축으로 주변 상황을 긍정적으로 해석하게 됩니다. 어떤 문장이 당신에게 효과적일지는 알 수 없지만, 분명히 한두 문장은 당신의 마음에 작용하여 인생을 좋은 방향으로 이끌 것입니다.

당신에게는 오직 당신만이 할 수 있는 일이 있습니다. 그것은 내가 아닌 다른 곳으로 눈을 돌렸을 때 찾을 수 있습니다.

내일 세상을 떠나도, 오늘 꽃에 물을 주세요.

차례

1장 품격　오직 당신만이 할 수 있는 일을 발견하세요

4장
안목

마음의
빈틈을 채우는 언어들

5장
관계

내 곁에 있어줄
한 사람만 있다면 괜찮습니다

6장
그릇

잘 살아가는 삶에 대한 명쾌한 해답

오직 당신만이
할 수 있는 일을
발견하세요

누구에게나
주어진 역할이
있습니다

저는 준텐도 대학 의학부의 종양병리학 교수입니다. 암철학 외래 상담사로 알고 있는 분들도 많은데, 본업은 대학병원에 근무하는 병리학자이지요.

의사가 하는 일은 크게 두 가지로 나눌 수 있습니다. 환자분들을 대면하여 진찰하는 '임상의'와 연구실에 틀어박혀서 현미경으로 세포만 들여다보는 '기초의학자'입니다. 저 같은 병리학자는 기초의학자에 포함됩니다. 임상의는 살아 있는 사람과 접하는 데 반해, 우리 병리학자들은 주로 돌아가신 분들(시신)과 접하는 경우가 대부분입니다.

지금이야 지도교수로 있기 때문에 직접 해부하지는 않지만, 20~30대에는 수많은 병리해부를 했습니다. 숫자를 정확히 세어보진 않았는데 어림잡아 300구 이상은 되지 않을까 합니다.

'인생은 지금부터'라며 가슴 설레했을 청년이나 태어나자마자 명을 달리한 신생아들을 해부해야 할 때는 삶의 허무함마저 느꼈습니다. '대체 이 아이는 무엇 때문에 태어난 것인가?'

어리고 미숙했던 저로서는 도무지 그 해답을 찾을 길이 없었습니다. 시신에서 장기를 꺼내고 텅 비어버린 배 속을 들여다보며, '삶이란 무엇인가?', '죽음이란 무엇인가?'를 스스로에게 되묻곤 했습니다.

인간은 누구나 자신이 얼마나 살지 알지 못합니다. 그렇게 많은 병리해부를 반복하면서 죽음을 마주한 저조차도, 내가 내일 당장 죽을 수 있다고는 생각하지 않습니다. 하지만 인간은 모두 언젠가 죽기 마련입니다. 누구나 이 사실을 분명하게 알고 있지요. 그럼에도 불구하고 죽음이 내게 일어날 일이라고 인식하지 못합니다. 원래 인간이란 그런 존재입니다.

그런데 암에 걸리면 상황은 달라집니다. 갑자기 자신의 죽음이 현실로 다가오는 겁니다. 암에 걸려도 실질적으로 반 이상은 완치되지만(3년 내로 빨리 발견하면 70퍼센트 이상 완치), '암=죽음'이라는 도식이 한번 머릿속에 들어오면 떠나지 않습니다. 그러고는 삶의 의미를 찾아나서기 시작합니다.

나는 무엇을 위해 이 세상에 태어났는가
남은 인생을 어떻게 살아야 하는가
그러기 위해 나는 무엇을 해야 하는가

어느 날인가부터 저는 '죽어도 산다는 것은 어떤 의미일까?'에 대해 고민하게 되었습니다. '죽음에서 삶을 찾는 것'이 저의 업이기 때문이겠지요. 그리고 이런 생각을 하게 되었습니다.

'인간에게는 저마다 주어진 역할과 사명이 있다. 비록 태어난 지 두 시간 만에 세상을 떠난 신생아에게도 그 작은 생명만의 역할과 사명이 있다. 무엇보다도 태어났다는 것, 살아 있었다는 것이 남겨진 사람들에게는 선물이다.'

생후 두 시간 만에 아이를 잃은 부모를 십 년이 지나 만날 기회가 있었습니다. 그분들이 이런 이야기를 들려주더군요.

"그 녀석이 태어났기 때문에 지금의 우리가 있는 겁니다. 그 아이 몫까지 행복하고 멋지게 살고 싶어요. 지금도 문득 아이를 떠올리며 이야기할 때가 있어요. 너무나도 짧은 인생이었지만 그 아이에게는 아이 나름의 역할이 있었다고 생각합니다."

아무리 짧은 삶이라도 살아 있는 한 저마다 역할이 있습니다. 중요한 것은 그것을 깨닫느냐 깨닫지 못하느냐의 차이일 뿐이지요. 죽음에 대한 사색은 그 역할을 깨닫고 인생을 다시 바라보는 계기가 됩니다.

인생의 역할에 대해 이야기하면 가끔 이런 질문을 하는 분이 있습니다. "선생님 자신은 인생의 역할이 무엇인지 알고 계십니까? 괜찮으시다면 좀 가르쳐주십시오."

한마디로 정의할 수 있으면 좋겠지만, 그렇게 간단한 문제가 아닌 것 같습니다. 수많은 죽음을 마주해왔지만, 저도 아직 분명한 답을 알지 못합니다. 다만 여전히 저는 하루하루 나의 역할이 무엇인지 찾고 있습니다. 살아가면서, 길을 걸으면서, 계속 찾고 있습니다. 그것이 인생 아닐까요?

마더 테레사 수녀가 말했습니다.

"저는 하느님의 뜻을 그려나가는 몽당연필입니다."

그녀의 말을 빌리면 결국 인생이란 '몽당연필'입니다. 가난한 시골 마을에서 자란 소년 시절, 물건을 아껴 쓰는 것이 미덕이었던 그 시절의 '몽당연필'처럼, 인내하며 정중하게 저만의 숙제를 완성해가고 있는 것입니다.

문제는 연필의 길이가 아니라, 그 연필로 무엇을 그리느냐에 있습니다. 우리 각자에게 주어진 역할과 사명이 있다는 사실 자체가 중요합니다. 그것이 바로 죽음이 우리에게 알려주는 진실입니다.

당신이
있어야 할 곳은
어디인가요?

사람은 목적을 잃으면 약해집니다. 살아갈 희망을 잃는 순간, 맥이 빠져버립니다. 그 약해진 마음 안으로 불안과 우울이 파고듭니다. 지금까지 신경 쓰지 않고 넘어가던 일들이 하나하나 걱정스럽고 마음에 걸려서 어찌할 바를 모르게 됩니다.

암 선고를 받은 환자들의 약 30퍼센트가 우울 증상

을 호소합니다. 우울하다는 것 자체는 병이 아니어서 약으로 증상을 완화하기가 어렵습니다. 암철학 외래에서는 우울 증상으로 힘겨워하는 사람들에게 살아갈 희망이나 목적을 되찾아주기 위해 약 대신 언어를 처방하고 있습니다. 언어 처방전에는 다음과 같은 질문이 담겨 있습니다.

"당신이 있어야 할 곳은 어디인가요?"
"당신은 무엇을 위해 존재하나요?"
"어떻게 하면 남은 인생을 알차고 보람 있게 보낼 수 있을까요?"

삶의 목적을 잃어버린 사람에게는 인간의 존엄을 표현하는 문장을 전합니다. 건강이 좋을 때는 마주하지 못했던 '나의 존재 이유(토대)'를 다시금 깨닫게 하는 질문이지요.

인생의 토대를 잃어버리면 모든 것은 '모래 위의 성'처럼 위태로워집니다. 반대로 기초공사가 탄탄하면 폭우가 쏟아져도, 홍수가 밀려오고 어마어마한 지진이 발생해도, 끄떡없이 버틸 수 있지요. 자신의 존재 이유를 깨닫는 것은 중요합니다.

●

60분, 단 한 번의 면담으로 스스로의 근본을 찾도록 돕는 일. 그것이 암철학 외래의 가장 큰 역할입니다.

60분이라는 시간은 그리 중요하지 않습니다. 어떤 질문으로 어떻게 한 사람의 마음 깊은 곳에 있는 것을 이끌어내느냐 하는 것이 중요합니다. 이 면담의 목적은 위로나 격려가 아닙니다. 격려의 말 몇 마디는 당장은 힘이 될지 모릅니다. 그러나 그것은 표면적인 것에 지나지 않습니다. 집에 돌아와서 다시 혼자가 되면 외로움과 쓸쓸함이 물밀듯 밀려와서 또다시 우울해집니다.

우울 증상을 해소하고 마음을 밖으로 향하게 하려면 인류 최초이자 최후의 질문과 마주해야 합니다. 바로 '나는 무엇을 위해 태어났는가' 하는 물음 말입니다.

"암을 앓기 전에는 그런 생각을 한 번도 해본 적이

없어요"라고 말하는 내담자가 많습니다. "인생과 마주하는 계기는 정말 뜻밖의 형태로 나타나는군요." 이런 반응도 많습니다. 심지어 "차라리 아프길 잘했네"라고 말하는 분도 있습니다.

지금부터라도 늦지 않습니다. 당신이라는 존재가 머물러야 할 곳을 찾아보세요.

제가 존경하는 종교학자 우치무라 간조 선생이 자서전에 이런 말을 남겼습니다.

"내가 죽을 때는, 이 세상을 태어났을 때보다 조금이
라도 더 좋은 곳으로 만들어야 하지 않겠는가."

이 말을 한번 곱씹어보십시오. 괴롭고 힘겨울 때야말로 자신과 마주할 기회라고 생각하십시오. 그리고 '나는 무엇을 위해 태어났는가'를 깊이 생각해보십시오.

인생에
정말 소중한 것은
많지 않습니다

만약 시한부 선고를 받는다면 남은 시간 동안 무얼 해야 할까요? 저라면 먼저 제가 암에 걸렸다는 사실을 받아들이고 나서, 인생의 우선순위를 다시 고민해볼 것 같습니다. 제 자신에게 정말 중요한 것이 무엇인지 찾아보는 것이죠.

곰곰이 생각해봅시다. 인생에서 정말 중요하고 소중

한 것들은 의외로 많지 않습니다. 많아야 한두 개쯤 이지 않을까요? 저는 제게 남은 시간 동안 그 한두 개의 소중한 것을 위해 최선을 다할 것입니다.

꼭 제가 하지 않아도 되는 일은 다른 사람에게 맡기고, 저만이 할 수 있는 일에 전념할 것입니다. 대부분의 일들은 굳이 내가 아니어도 됩니다. 그런 일들은 최대한 다른 사람들에게 양보해야 합니다. 그렇게 남은 시간을 나만이 할 수 있는 일에 투자하는 겁니다.

예를 들면 회사 일이 그렇습니다. 모든 업무를 나 혼자서 끌어안고 있다면, 아무리 일을 잘하더라도 무엇인가 늘 부족합니다. 만족스럽지 않습니다. 그럴 때 만약 당신에게 부하 직원이 있다면, 맡길 수 있는 일은 맡기고 당신만이 할 수 있는 일에 더 많은 시간을 할애하는 것입니다.

회의도 마찬가지입니다. 당신이 없으면 안 되는 회의라면 반드시 출석해야겠지요. 그러나 개중에는 당신이 없어도 아무 문제가 없는 회의도 있습니다. 그런 회의라면 여유가 있을 때 참석하고, 그 외에는 다른 사람에게 맡겨야 합니다.

이렇듯 꼭 해야 할 일을 잘 판단해서 선택하다보면, 뒤죽박죽 엉켜 있던 스케줄에 제법 넉넉한 틈이 생깁니다. 틈, 즉 여유가 생기면 진정 자신이 하고자 하는 일을 할 수 있습니다.

가만히 살펴보면 나만이 할 수 있는 일은 의외로 적습니다. 그 한두 가지에 전력을 기울이세요.

나만이 할 수 있는 역할이나 사명을 확실하게 깨달은 사람은 하나같이 여유가 있어 보였습니다. 적어도 제가 지금까지 만나온 사람들은 그랬습니다.

그들은 그동안 쌓아온 지위와 명예가 있기 때문에 사실은 해야 할 일이 산더미 같을 것입니다. 그럼에도 불구하고 왜 그토록 여유가 있어 보이는 걸까요? 그들은 일의 우선순위를 잘 알고 있기 때문에 모든 일을 자기가 하려고 하기보다는 대부분을 다른 사람에게 맡깁니다. 그리고 본인은 자신만이 할 수 있는 일만 하는 것입니다.

그렇기 때문에 할 일이 잔뜩 쌓여 있어도 여유롭게 보이는 것입니다. 말하자면 여유로운 풍모가 있다고 할까요.

옛날 위인들 역시 마찬가지입니다. 여유는 이것도 좋고 저것도 좋은 것이 아닙니다. 그들은 이것 아니면 안 되는 인생을 살았습니다. 그럼에도 불구하고 여유와 품격이 느껴집니다.

어떻게 그럴 수 있었을까요? '내가 아니면 안 되는 일'에만 달려들기 때문입니다.

무슨 일이든 '내가, 내가' 하고 달려드는 이들에게서는 전혀 품격이 느껴지지 않습니다. 무슨 일이건 '내가, 내가' 하지 말고, 대부분의 일을 다른 사람에게 맡겨보십시오. 그래야만 품격이 나옵니다.

어느 절에서 우연히 글귀 하나를 발견했습니다. '하고자 하지만 그러지 못하는 열 가지'에 관련한 내용이었지요.

"조금이고자 하지만 정작 많은 것들이 낭비된다."

우리의 일상을 돌아보면 정작 쓸데없이 낭비하는 일들이 생각보다 많습니다. 인생은 '이것도 좋고 저것도 좋다'가 아니라 '이것 아니면 안 돼'가 맞습니다. '나를 대신할 사람이 없는' 삶을 살아야 하지 않을까요?

 인생은 차라리
한 바퀴 정도
늦는 편이 좋습니다

인생이란 참 상대적입니다. 누가 선두를 달리는지 곁에서 보면 모릅니다. 설령 한 바퀴 뒤처지더라도 다른 사람이 보기에는 꼴찌가 일등으로 달리는 것처럼 보일지도 모르니까요.

저는 어릴 때부터 발이 느렸습니다. 체육시간에 달리기를 하면 일등인 친구와 한 바퀴씩 차이가 벌어지곤

했지요. 당시에는 그게 그렇게 부끄럽더니 지금에 와서
는 생각이 달라졌습니다.

'인생은 차라리 한 바퀴 정도 늦게 달리는 편이 좋다.
천천히 달리면 여유가 생기니까. 인생은 여유 있는 태
도로 품격을 지키면서 끝까지 달리는 것이 중요하다.'

결승점에 일등으로 들어오는 사람은 정말 멋있습니
다. 그러나 일등만 가치가 있고 꼴찌라고 가치가 없는
것은 아닙니다. 꼴찌에게도 일등과는 다른 가치가 있지
요. 비록 한 바퀴 뒤처졌더라도 끝까지 포기하지 않고
달리는 모습에 사람들은 감동하고 응원의 박수를 보냅
니다.

한 바퀴 늦게 들어온 사람도 그 사람 나름의 책임이
있습니다. 바로 끝까지 달리는 것이지요. 반면, 끝까지
달리지 않은 꼴찌에게는 그 어떤 위로나 인정도 주어지
지 않습니다. 저는 그것을 '한 바퀴 늦게 들어온 꼴찌의
책무'라고 부릅니다.

병에 들거나 죽음이 가까워 오면 마치 내가 달리기에서 꼴찌가 된 듯한 기분이 듭니다.

병에 들어서 다른 사람들보다 뒤처지고 있더라도 초조해하지 마십시오. 한 번의 실패로 그동안의 시간이 무의미해졌다고 해도 초조해하지 마십시오. 지금 당장 일이 잘 안 풀린다고 해서 초조해하지 마십시오.

계속해나가는 것이 중요합니다. 그러기 위해서는 여유 있는 태도로 품격을 지키는 것이 필요합니다.

인생은 상대적입니다. 숨이 끊어질 듯 죽기 살기로 일등하는 것보다 콧노래를 부르면서 한 바퀴쯤 늦게 달리는 것이 지켜보는 이들에게 더 큰 울림을 주기도 합니다. 이렇게 인생을 상대적으로 바라보는 태도를 지닐 때, 인간은 어떤 어려움에도 대항할 만큼 단단해집니다. 인생은 차라리 한 바퀴 늦는 편이 좋다고 생각해보세요.

진정한 평등은
상대를 인정하는 데서
시작됩니다

당신에게는 단점이 있습니다. 물론 장점
도 있습니다. 단점만 있을 수도 없고, 장점만 있을 수도
없지요. 그 사실을 명심해야 합니다.

한 걸음 더 나아가 생각해봅시다. 인간은 저마다 다
릅니다. 외모가 다르고, 목소리가 다르고, 성격이 다릅
니다. 그러니 단점도 장점도 사람마다 다릅니다. 그런

의미로 보면 우리는 정말 평등하지 않습니다. 인생이 원래 평등하지 않으니 열심히 살 필요가 없을까요?

요즘 초등학교 운동회에서는 순위를 정하지 않는다고 합니다. 하지만 그것은 평등의 의미를 잘못 이해한 것입니다. 순위 자체를 없애는 것이 평등이 아닙니다. 진정한 평등은 상대방의 능력을 인정하는 것에서부터 시작합니다. 내가 하지 못한 것을 상대방이 해냈다면, 그 능력을 인정해주어야 합니다. 반대로 당신이 해낸 것을 상대방은 하지 못했다면, 상대 역시 당신을 인정해주어야 하고요. 그것이 진짜 평등입니다.

1위는 1위, 2위는 2위, 꼴찌는 꼴찌인 사회여야 합니다. 순위를 알아야 상대방을 인정하게 되고, 결국에는 자기 자신을 인정하게 됩니다. 상대를 인정하지 않는 사람은 자신도 인정할 수 없습니다. 다시 말하면 자신감이 없는 사람인 것입니다.

상대를 인정하듯 자신의 부족한 부분을 인정하면, 내가 할 수 있는 것과 할 수 없는 것이 명확해집니다. 그리고 그것은 당신의 역할과 사명을 찾는 것으로 이어집니다.

우리는 태어나면서 저마다 자신의 역할과 사명을 부여받습니다. 그런 의미로 보면 모든 사람은 평등하다고 할 수 있겠지요. 하지만 어떤 역할과 사명을 맡았는지는 사람마다 다릅니다. 그런 점에서는 평등하지 않다고도 할 수 있습니다. 그렇기 때문에 자신이 무엇을 할 수 있고 무엇을 할 수 없는지를 인정하는 것이 중요합니다.

그저 곁에
있어주는 것만으로도
충분합니다

오랜 세월을 함께한 아내가 덜컥 암에 걸려 상심한 남자가 있었습니다. 사는 동안 아내를 아랫사람 부리듯 했지요. 그러다보니 아픈 아내에게 위로의 말이나 상냥한 말 한마디 건넬 수 없었습니다. 아내와 교감을 나누는 방법 자체를 몰랐기 때문이지요.

남편은 그런 자신이 괴로워서 "선생님, 도대체 어떻게

하면 좋을까요?"라며 제게 상담을 요청했습니다.

저는 대답했습니다.

"아무것도 하려고 하지 마시고, 그냥 부인 옆에 가만히 있어주세요. 지금은 그것이 최선입니다."

남편은 아무 말 없이 연신 고개를 끄덕이더군요. 남편과 저의 대화를 지켜보던 아내는 조용히 눈물을 훔쳤습니다. 그 눈물엔 수많은 의미가 담겨 있지 않았을까요?

우리는 살면서 그 남편과 같은 입장에 설 때가 많습니다. 무언가를 하기는 해야 하는데 무엇을 하면 좋을지 모르겠고, 한편으로는 이렇게 저렇게 하는 것이 좋겠다는 생각은 드는데, 주저하는 마음 때문에 좀처럼 몸이 움직이지 않습니다.

오랜 세월을 함께해온 부부이기에 오히려 더 어색한 경우도 많습니다. 그럴 때는 그냥 조용히 옆에 있어주기만 하면 됩니다. 같은 공간에서 함께 시간을 보내는 것만으로도 충분합니다. 어려움에 처한 사람에게는 누군가가 옆에 있어주는 것만으로도 감사하고 위안이 되니까요.

암 투병 중인 고령의 여자 환자가 있었습니다. 암에 걸렸지만 언제나 밝고 활달했지요. 늘 밝기만 하던 그녀가 어느 날 제게 속내를 털어놓았습니다.

"가족들을 힘들게 하고 싶지 않아서 아픈 내색 한 번 안 하고 있었는데, 이렇게 드러눕게 되는 바람에 모두를 힘들게 하고 있네요. 선생님, 어서 저 좀 저세상에 보내주세요."

그녀가 그런 말을 하다니 매우 놀랐지요. 항상 씩씩한 사람이었기에 오히려 자신이 쓸모없는 사람이 되었다고 생각했을지 모릅니다. 언제나 가족들에게 도움을 주면서 살아왔기 때문에 병원에 누워만 있는 자신의 모습을 받아들이지 못했습니다. 찾아오는 가족과 지인들에게 폐를 끼치는 것 같아서 마음이 불편했던 겁니다.

하지만 그녀를 병문안하러 오는 사람들의 발걸음이 끊이질 않았습니다. 가족, 친지, 친구 들 모두 그녀를 보기 위해 병원에 들렀습니다.

어느 날인가는 손녀딸이 "할머니!" 하고 부르며 병실에 들어왔습니다. 그녀는 손녀딸의 옷을 보며 "아이고, 오늘도 예쁘게 입고 왔구나" 하며 밝은 목소리로 반겨주었지요. "예쁘죠? 제가 아르바이트해서 산 거예요." 손녀딸이 활짝 웃으며 말했습니다.

저는 두 사람의 모습을 지켜보며 나중에 그녀에게 이렇게 말했습니다.

"지금은 비록 병상을 지킬 수밖에 없는 상황이지만 당신은 충분히 살아갈 가치가 있어요. 당신의 존재, 밝은 미소를 띤 얼굴, 배려와 격려가 섞인 말들이 당신을 찾아오는 사람들에게 용기를 주고 행복한 기분이 들게 하잖아요. 그런데도 빨리 세상을 뜨고 싶습니까?"

"무엇을 하기(to do) 전에, 어떻게 존재할 것인가(to be)를 생각하는 것, 그것이 인생의 가장 중요한 부분입니다."

제가 무척 좋아하는 말입니다. 정치학자 난바라 시게루 선생의 말이지요. 이 말을 여러분에게도 들려주고 싶습니다. 'to do'보다 'to be'를 소중히 여기는 것. 인생을 살다보면 '무엇을 할까'보다 '어떻게 있는가'가 더 중요한 순간이 찾아옵니다.

아무것도 하지 않아도 좋습니다. 그저 묵묵히 곁에 있어주는 것만으로도, 상대의 마음은 가득 차오릅니다. 무리해서 무언가를 할 필요는 없습니다. 그냥 거기에 있는 것만으로 당신은 가치 있는 존재입니다.

품격

당신을 누군가와
비교할 이유는
없습니다

우리는 어릴 때부터 스스로를 다른 사람들과 비교하며 살아왔습니다. 직장, 수입, 학력, 외모, 집안 등 모든 면을 비교하기 때문에 걱정과 고민이 끊이질 않습니다. 늘 타인과 자신을 비교하며 힘겨워하지요. 그렇게 남과 비교하는 버릇은 '지금의 나'와 '과거의 나'를 비교하는 것으로 이어지기도 합니다.

암철학 외래에 오는 사람 중에는 병 때문에 일자리를 잃거나 직장을 옮겨서 고통받는 경우가 많습니다. 그들에게 저는 이렇게 말합니다.

"한가하게 일하는 편이 좋은 겁니다. 어떤 일이든, 어떤 직장이든 먹고살 수만 있으면 되는 것 아닙니까? 생활하는 데 불편하지 않을 만큼만 벌면 충분합니다."

그러면 그들도 이렇게 되묻습니다.

"이렇게 사는 건 제 존재 자체에 의미가 없어지는 것 같아요. 예전처럼 다시 일하고 싶습니다. 하지만 이제는 그 시절로 돌아갈 수 없겠죠?"

아프기 전의 자신을 '최고의 나'로 여기고, 지금과 비교하며 절망하는 것입니다.

이렇게 다른 사람 혹은 이전의 자신과 비교하며 일희일비하는 것은, 인생에서의 역할을 발견하지 못했기 때문입니다. 자신의 역할과 사명을 분명히 인식한 사람은 비교하지 않습니다. '다른 사람이 대신할 수 없는 삶'이기 때문에 비교 자체가 성립하지 않는 것입니다.

사람은 이 세상에 태어나 아이에서 어른으로 성장하

고 마지막에는 죽음을 맞이합니다. 이러한 인생의 성장 프로세스에만 관심을 두면 당연히 그 성장 정도를 비교할 수밖에 없습니다.

반면에 병리학자인 저는 지금까지 수많은 주검을 보아왔기 때문에, 다른 사람들과는 조금 다른 인생관을 갖고 있습니다. 죽음이라는 관점에서 인생을 보는 것이지요.

죽음이라는 관점에서 인생을 들여다보면 다른 사람과 비교할 이유가 없어집니다. 저 사람이 아무리 돈이 많고 아무리 잘났고 아무리 유명하다고 한들, 죽음 앞에서 그 가치를 매길 수 있을까요?

주검을 마주하고 있노라면 '이 사람의 인생은 과연 어땠을까?', '자기답게 살았을까?', '인생의 역할과 사명을 다했을까?' 하는 생각이 듭니다. 주검 앞에서 다른 사람과 비교하는 마음이 생길 여지가 없습니다.

문득 이런 생각이 듭니다. 제가 병리학자가 되지 않았다면 암철학 외래도 시작하지 못했을 것이라고요.

세상의 모든 고민은 비교에서 생겨납니다. 타인과 자신을 비교하지 않고, '과거의 나'와 '지금의 나'를 비교하지 않는 것이 중요합니다. 예전의 건강한 자신보다 지금의 내가 언제나 최고인 것이죠. 자기 본래의 역할을 자각하며 살 수 있다면 비교하는 마음도 사라지고 고민도 훨씬 줄어들 것입니다.

정상은 하나여도
오르는 길은
수없이 많습니다

지금은 병리해부 실습을 할 때 접수처에
서 '몇 시부터 몇 시까지' 사용하라고 시간을 정해주
지만, 예전에는 새벽이든 한밤중이든 호출이 오면 급히
달려와 실습수업을 해야 했습니다. 그러다보니 개인 시
간 같은 건 없는 것이나 마찬가지였습니다.

그 당시에는 이런 상황이 언제 벌어질지 몰라 무척

초조했습니다. 하지만 '인간의 죽음'처럼 자신의 힘으로 통제할 수 없는 상황에 일희일비해보았자 아무 소용이 없습니다. 세상의 일들도 대부분 일과성(병의 증상이 잠시 나타나고는 곧 없어지는 성질)이 있기 때문에 그 순간만 참고 견디면 언젠가는 사라져버리거든요.

목표 지점은 하나여도 거기에 다다르는 길은 무수히 많습니다. 시간이 걸릴 수는 있지만, 언젠가는 도달하게 됩니다. 이왕이면 좀 더 여유 있게, 주변 상황을 즐기면서 임기응변으로 살아가는 것도 나쁘지 않습니다.

내일 세상을 떠날지 몰라도 모든 것을 여유 있게 생각하세요. 마음의 여유가 있어야 여러 상황을 이해할 수 있고, 적당히 거리를 둬야 더 제대로 된 길이 보입니다.

어떤 목적을 이루려고 할 때 반드시 기억해야 할 것이 있습니다. 목적을 실현하는 방법은 한 가지가 아니라 여러 가지라는 사실입니다. 어떤 방법이 잘 통하지 않았다면 다른 방법을 시도하면 됩니다. 등산을 생각해보세요. 정상은 하나여도 거기에 오르는 길은 수없이 많습니다. 사람들 숫자만큼 많다고 해도 과언이 아니지요.

발명왕 에디슨도 전구 하나를 발명하기까지 만 번의 실패를 겪었다고 하지 않습니까. 그는 이런 명언을 남겼습니다.

"나는 한 번도 실패하지 않았다. 안 되는 방법 만 개를 알았을 뿐이다."

좋은 인생은
마지막 5년에
결정됩니다

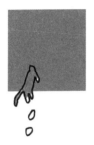

내일 세상을 떠나도
오늘 꽃에
물을 주세요

"내일 지구에 종말이 와도 나는 오늘 사과나무를 심
으리라."

종교개혁자 마틴 루터가 한 말입니다. 저는 이 말을 약
간 응용해서 "내일 세상을 떠나도 오늘 꽃에 물을 주세요"
라는 말로 바꾸어 환자들에게 언어 처방을 내립니다.

만약 당신이 내일 죽음을 맞이한다면 남은 시간 동안 무엇을 하겠습니까? 어차피 곧 끝날 인생, 마음껏 먹고 즐기며 쾌락에 빠지겠습니까? 방에 틀어박혀서 공포에 떨며 자신의 운명을 한탄하겠습니까? 아니면 하늘을 우러러 기도를 올리겠습니까? 그 마지막 시간을 어떻게 보내느냐가 그 사람의 전부를 좌우합니다.

마틴 루터는 "사과나무를 심겠다"라고 했고, 저는 "꽃에 물을 주겠다"라고 했습니다. 나무를 심고 꽃에 물을 주는 것에는 '나에게 주어진 의무를 다하겠다'는 의지가 깃들어 있습니다. 그런데 이 말에는 좀 더 넓은 의미의 메시지가 들어 있습니다. 무엇일까요?

그것은 바로 나 이외의 존재에게 관심을 갖는 것입니다. 자기의 마음을 나 자신이 아닌 다른 존재에게 주는 것입니다. 루터는 사과나무에, 저는 꽃에 그 마음을 주었습니다. 그것을 역할 혹은 사명이라 할 수 있겠지요.

역할이나 사명은 자기 자신만 생각하는 동안에는 절대로 발견할 수 없습니다. 정말 신기한 일입니다. 오히려 나 이외의 존재에 관심을 가지면, 비로소 자신이 해야 할 일이 보입니다. 우치무라 간조 선생은 이렇게 말했습니다.

"후대에게 돈이나 사업, 사상 등을 물려줄 수는 있지만, 그것을 얻기 위한 재능까지 전해주기는 어렵다. 그렇다고 해서 후대에게 아무것도 물려주지 않을 수 없지 않은가. 다행히 우리 모두에게는 남겨줄 수 있는 훌륭한 유물이 있다. 그것은 바로 용기 있고 고상한 생애. 선(善)을 위해 의연히 맞서 싸우는 생애야말로 존경받을 만한 가치가 있는 유물이다."

죽는 그 순간까지 나 이외의 것에 관심을 갖는 것. 그것이 바로 우치무라 선생이 말한 '고상한 생애'입니다.

자기 자신 이외의 일에 관심을 가지면, 해야 할 일이 보입니다. 그리고 누구에게나 그 자신만이 남겨줄 수 있는 선물이 있습니다. 그것을 발견한 사람은 외롭거나 두렵지 않습니다. 내일 해야 할 일을 떠올리는 것만으로 오늘은 충분히 의미 있습니다.

마지막 순간인 것처럼
온 힘을 다해
살아보세요

　　우리 인생은 최후의 5년을 어떻게 사느냐에 달려 있습니다. 극단적으로 말하면 젊은 시절은 아무래도 좋습니다. 평생 쌓아온 지위와 명예, 재산은 아무래도 상관없습니다. 마지막 5년이 그 무엇보다 중요합니다.

　　생의 마지막 5년 동안, 자신의 역할을 다하고 눈을

감는 것. 그것이 남겨진 사람들을 위한 '좋은 선물'입니다. 물론 엄청나게 많은 돈이나 훌륭한 집을 남겨주는 것도 좋겠지요. 하지만 그것은 마음먹는다고 해서 아무나 할 수 있는 일이 아닙니다. 그리고 그런 일은 가장 소중하다고 할 수도 없습니다.

왜 마지막 5년일까요? 5년이라는 숫자에 정확한 근거는 없습니다. 그러나 지금까지 수많은 암 환자를 만나면서, 그들의 삶을 돌아보았을 때 제가 가장 관심을 가졌던 부분이 '이 사람은 마지막 5년 동안 어떤 인생을 살았을까?' 하는 것이었습니다.

환자 중에는 아름다운 선물을 남기고 떠난 분들이 많습니다. 그들의 공통점은 이렇습니다.

암에 걸렸어도 삶의 희망을 버리지 않기
자신보다 상대를 먼저 배려하기
자기보다 더 어려운 사람들을 돌보기

이런 사람들을 실제로 눈앞에서 만나게 되면 엄청난 에너지가 느껴집니다. 곧 세상을 떠날 사람이라고는 전혀 생각되지 않지요. 이런 사람들은 자신의 생애를 하나의 모델로 삼습니다. 그리고 누군가에게 '그때 그분은 희망을 버리지 않고 최선을 다했잖아. 나도 더욱 힘을 내야지'라는 용기를 심어줍니다. 돈이나 물질보다 훨씬 더 값지고 마음에 오래 남는 선물입니다.

세상의 모든 사람들이 존경하는 삶을 살라는 뜻은 아닙니다. 그것보다는 누군가에게 선물을 줄 수 있는 사람으로 살라는 뜻입니다. 물론 모든 이들에게 선물을 남길 수는 없습니다. 끝까지 당신에게 관심을 갖고, 최후의 순간까지 다가와서 지켜봐준 사람에게 선물을 남길 수 있다면 그것으로 충분하지 않을까요?

선물을 주는 삶은 언제 시작해도 상관없습니다. 나이도 상관없고요. 어떤 사람은 서른에 생각할 수도 있고, 어떤 사람은 마흔에 깨달을 수도 있습니다. 나이 칠십에 생각한들 어떻습니까. 언제든지 알기만 하면 됩니다. 왜냐하면 인간은 자신의 수명이 언제까지인지 모르기 때문입니다.

암을 앓고, 재발과 전이를 반복하면서 시한부 삶을 선고받은 사람도 5년이라는 시간을, 건강하게 일하는 사람도 5년이라는 시간을, '내일 죽어도 여한이 없다' 는 각오로 하루하루를 보낸다면 그것으로 충분합니다. 그 사람이 지금까지 어떤 삶을 살아왔는지는 중요하지 않습니다.

정치인 카츠 카이슈가 마지막 순간에 이런 말을 남겼습니다.

"이것으로 끝이다."

이 한마디 말에 그의 인생이 담겨 있습니다. 온 힘을 다해 치열하게 살아왔기에 이렇게 말할 수 있는 것입니다. 우리 각자에게 주어진 '생명'이 우리의 일부인 것처럼, '죽음' 역시 우리의 일부입니다.

마지막 순간을 어떻게 맞이해야 할까요? 우리 인생에는 '죽음'이라는 크고 중요한 일이 남아 있습니다. 행복한 인생이었는지, 불행한 인생이었는지는 마지막 5년으로 결정되는 것입니다. 오늘이 인생의 마지막 5년인 것처럼 온 힘을 다해 살아보세요.

나를 생각하는 것은
하루 한 시간이면
충분합니다

우리 가운데 누구도 자기 자신을 생각하지 않고는 살아갈 수가 없습니다. 사람인 이상 나에 대해 전혀 생각하지 않는 것은 불가능하지요. 하지만 자신에 대해 생각하는 시간을 줄일 수는 있습니다.

지금까지는 하루 24시간 내내 자신만을 생각했다면, 그 절반이든 3분의 1이든 좋으니 다른 사람에게 관심을 가져보는 겁니다. 그것만으로도 인생의 많은 문제가 해결된다면 믿으시겠습니까?

암 선고를 받는 순간, 그 사람의 머릿속은 온통 암에 대한 생각으로 가득할 겁니다. 암 이외에는 아무것도 생각할 수 없지요. 이럴 때 물론 당장은 어렵겠지만, 깊은 슬픔과 절망에 빠진 자신에게서 시선을 거두고 다른 것에 관심을 두도록 노력해보세요.

우리를 엄습하는 불안, 괴로움, 공포 등은 자기 자신을 깊이 들여다보면 해결되기도 합니다. 하지만 오히려 생각하면 할수록 불안과 고민이 커져서 아무것도 손대지 못하는 경우도 있습니다.

깊은 성찰과 사색이 오히려 마이너스로 작용할 때는 그냥 '자신'을 놓아버리십시오. 자신을 잊고 관심을 다른 것에 돌려보는 겁니다. 가족, 아이들, 회사, 지역 사회 등 자기 이외의 것이라면 무엇이라도 좋습니다.

"좀 더 나은 사람이 되고자 한다면 자신을 너무 깊이 들여다보지 않아야 합니다. 자신을 놓아버리고, 자신에 대해 지나치게 걱정하지 말아야 합니다."

스위스의 신학자 모리스 준델의 말입니다. 해결할 수 없는 문제를 붙들고 있으면, 결국 제자리걸음만 하게 됩니다. 오히려 자신을 놓아버릴 때, 다른 차원의 생각으로 옮겨갈 수 있습니다.

너무 자기 자신만 생각하면 긴장감 때문에 오히려 상황을 악화시킬 수 있습니다. 그럴 때는 반대로 자신을 외면해보는 겁니다. 외부로 관심을 옮기는 것만으로도 문제를 해소할 수 있습니다. 과감히 '자신을 외면'하는 삶을 선택해보세요.

생명은
소유물이 아니라
잠시 받은 것입니다

얼마 전 신문에서 이런 기사를 읽었습니다.

"말기 암으로 시한부를 선고받은 미국인 여성(당시 29세)
이 자신의 죽음을 예견하고 안락사를 선택. 의사가
처방해준 약을 먹고 편안히 숨을 거뒀다."

너무 힘이 들 때 가끔 생명을 놓아버리면 어떨까, 하고 생각할 수 있습니다. 예전보다 안락사에 대한 공감대도 넓어지고 있지요. 어차피 죽을 거라면 덜 고통스러운 죽음을 택하고 싶은 마음일 겁니다.

일본에서는 안락사(安樂死)와 존엄사(尊嚴死)를 나누어 생각합니다. 의사의 관리하에 약이나 주사를 이용해 적극적으로 죽음에 임하는 것을 '안락사'라고 하고, 환자의 의사를 존중해서 생명을 연장하는 어떠한 조치도 하지 않는 것을 '존엄사'로 구별하고 있습니다.

현재 일본 법률에서는 안락사를 인정하지 않고 있으며, 저 역시 안락사에는 문제가 있다고 생각합니다. 내가 내 생명을 마음대로 할 수 있다고 생각하면 덜 고통스러울까요? 그렇지 않습니다.

우리의 생명은 자신의 소유물이 아닙니다. 자기 것이라면 소유자가 마음대로 해도 상관없겠지요. 하지만 생명은 그 누구의 소유물도 아닙니다. 우리 한 사람 한 사람이 하늘에서 잠시 받은 것입니다. 내 것이 아니기에 소중히 여겨야 할 뿐 아니라, 이 세상을 떠날 때 반드시 돌려주어야 합니다. 그렇게 생각할 때 내 삶을 더욱 소중히 여기며 살게 됩니다.

적극적으로 생명 연장 조치를 하지 않는 존엄사는 어느 정도 인정할 수 있습니다. 주어진 생명을 자기 마음대로 취급하지 않고, 자연에 맡기기 때문입니다. 즉, 존엄사는 죽음에 연연하지 않고, 죽음 그 자체를 있는 그대로 받아들이는 것입니다.

아이도 마찬가지입니다. 아이(의 생명)는 부모의 소유물이 아닙니다. 물론 어느 나이까지는 부모의 보호가 필요하지만, 언젠가 때가 오면 부모는 적극적으로 아이를 떠나보내야 합니다. 무엇보다 하늘이 주신 귀한 선물이라고 생각하면 내 자식이라고 해도 대하는 태도가 달라집니다. 훨씬 더 존중하게 되지요.

부모와 자식 관계에 문제가 생기는 것은 대부분의 경우 부모가 아이를 자신의 소유물로 여기기 때문이 아닐까요? 생명도 자식도 모두 하늘이 주신 것이라고 생각해보세요. 그렇기 때문에 소중히 여겨야 하고, 그렇게 받은 것은 반드시 돌려줘야 할 날이 옵니다.

60이 되어서도
자신만 생각한다면
부끄러운 것입니다

인간에게는 각자 나이에 맞는 역할이 있습니다.

20대, 30대에는 누가 어떤 이야기를 해도 그저 들어 넘깁니다. 40대가 되면 자신이 하고 싶거나 좋아하는 일에 전념합니다. 50대에는 적극적으로 주변 사람들을 보살핍니다. 60대가 되어서도 자기만 생각한다면 부끄럽게 여겨야 합니다.

나이를 먹으면 다른 사람을 보살피려는 마음이 많이 사라질 수도 있습니다. 오히려 자신이 보살핌을 받게 되는 경우가 많겠지요. 그럴 때는 보살핌을 주는 사람에게 고마워하면 됩니다. 그것이 당신에게 주어진 역할이니까요.

그러나 나이가 들고 누군가의 보살핌에 기대어 살 수밖에 없는 상황이 되어서도 그 나이대만이 할 수 있는 역할이 있습니다.

그 역할을 깨닫기 위해서는 자신이 곧 세상을 떠날 사람이라는 생각에서 벗어나야 합니다. 한창 꽃다운 나이에 세상을 떠나는 사람도 있지 않습니까? 인생이란 참으로 억지스럽고 모순덩어리입니다. 인생이 뜻대로 풀리지 않는다고 불평불만을 늘어놓아봤자, 결국 그 사람 역시 언젠가는 세상을 떠납니다.

'힘들긴 하지만, 그래도 인생에서 배울 것은 있어' 하면서 현실을 받아들이고 자신에게 주어진 역할을 다하는 수밖에 없습니다. 그렇다면 노년에 할 수 있는 큰 역할은 무엇일까요?

성경에 이런 구절이 있습니다.

"너희 젊은이들은 환시(vision)를 보며 너희 늙은이들은
꿈(dream)을 꾸리라."

성경에서는 'vison'을 환시(幻視)로 번역했지만, 이는
전망과 같은 말입니다. 전망과 꿈의 차이는 무엇일까
요? 젊은이는 전망을 가지고 자신의 인생을 그려나갑
니다. 전망이란 저마다가 일생을 걸고 이루어나가는 목
표요, 목적입니다. 미래에 이루고 싶은 모습입니다. 그렇
기에 오히려 현실에서 많이 벗어난 원대한 꿈을 꾸기가
어렵습니다. 꼭 이루고 싶은 마음이 강하니까요.

반면 노인은 자신의 능력으로는 도저히 감당하지 못
할 거대한 꿈을 그릴 수 있습니다. 꿈이란 전망보다 스
케일이 큰 구상을 의미하니까요. 꿈은 자신이 살아 있
는 동안 이루리라는 보장이 없습니다. 30년 후가 될지
50년 후가 될지, 어쩌면 100년 후가 될지 모르는 것입
니다. 그러니 꿈은 현실의 시간으로부터 더 자유로울
수 있습니다. 큰 흐름을 관망하는 이들이 꿈을 꿀 수 있

습다. 무엇보다 '30년 후의 일을 당장 내일이라도 이룰 것처럼 말하는 것'이 연장자에게 주어진 역할임을 잊지 마십시오.

언젠가부터 꿈을 꼭 현실로 만들어야 한다고 생각하는 풍조가 강해졌습니다. 물론 꿈을 실현하고자 하는 노력은 중요합니다. 하지만 정말 중요한 것은 그 꿈이 과연 가질 만한 가치가 있는지 판단하는 겁니다. 지금 내가 이루지 못할 꿈이어도, 세상에 필요한 꿈을 꾸는 사람이 필요합니다. 저는 그것이 세상의 어른들이 할 일이라고 생각합니다. 꿈은 자신이 살아 있는 동안에 실현되지 않아도 괜찮습니다. 그 자체만으로 후세에게 전해줄 선물이니까요.

우리 각자의 인생은 짧습니다. 그렇기 때문에 이 세상을 떠나 어디론가 갈 때는 후세에게 선물을 남겨야 합니다. 그 선물이 사회적으로 가치가 있는 것이라면 어떻게든 우리의 뜻을 이어갈 사람이 나타나겠지요.

10년마다 우리에게 주어진 사명은 바뀝니다. 젊은이들에게 꿈을 선물하세요. 그것이 어른의 임무입니다.

타인을 위해
나의 시간을
써보세요

요즘 의사들은 너무 바쁩니다. 너무 바빠서 마치 그들의 엉덩이가 의자에서 몇 센티미터씩 공중 부양하고 있는 것처럼 보입니다.

존경하는 병리학자 요시다 토미조 선생 같은 분들은 아무리 바빠도 일단 펜을 내려놓고, 사람들과 얼굴을 마주하며 대화를 나누었다고 합니다.

그런데 지금의 의료 현장은 어떤가요. 의사의 눈앞에 컴퓨터가 있고 대부분은 환자와 눈도 마주치지 않은 채 화면만을 바라보며 이야기를 나눌 뿐입니다. 원칙은 컴퓨터에서 일단 눈을 떼고 환자를 바라보며 진찰해야 합니다. 환자도 의사와 눈을 마주치며 대화하기를 원하고요.

"희생이 따르더라도 타인을 위해 무언가를 하라"라는 말의 의미가 이런 태도 아닐까요? 그러나 지금의 의료 환경은 이를 허락하지 않습니다. 비단 의사만 그런 게 아닙니다. 많은 사람이 아침에 눈을 떠서 저녁에 눈을 감을 때까지 주어지는 모든 시간을 전부 자신만을 위해 써야 한다고 생각합니다. 그러나 인간에게는 '희생의 시간'이 필요합니다.

'희생'이라고 하면 무언가 대단한 것을 상상할지도 모르겠지만, 아주 작고 사소한 것이라도 상관없습니다. 자신이 하고 있던 일을 일단 멈추고, 상대방을 위해 자신의 시간을 내주는 것. 이 또한 훌륭한 희생입니다.

누군가의 희생을 입은 상대는 그것만으로도 행복해집니다.

자신이 병에 걸렸다는 걸 알게 된 순간, 가족이나 친구들, 지인들과 거리를 두는 사람이 있습니다. 본인이 먼저 그런 모습을 보이기 때문에, 병문안을 오는 사람들은 환자를 어떻게 대해야 할지 몰라서 어색해합니다. 그런 날들이 지속되면 가깝게 지내던 사이여도 점차 멀어질 수밖에 없지요.

병이 하루아침에 나을 수는 없습니다. 하지만 태도는 하루아침에 바뀔 수 있습니다. 온종일 화만 내던 사람이 다음 날은 언제 그랬냐는 듯 웃는 얼굴로 나타나는 것처럼 말입니다. 병은 낫지 않았더라도 마음을 달리 먹으면 태도는 순식간에 바뀔 수 있습니다.

'병으로 이렇게 고생하고 있는데 어떻게 밝은 표정을 지으라는 걸까?'

물론 그렇게 생각할 수 있습니다. 그래서 '희생'이라고 표현한 것입니다. 아주 사소한 행동이라도 괜찮습니다.

상대방을 위해 지금 하고 있던 일을 잠시 멈춰보는 것

자신의 시간을 조금 내어주는 것

상대방에게 잠시나마 밝은 미소를 보내주는 것

상대방에게 안부의 말을 건네는 것

병문안 온 사람에게 "이렇게 먼 길을 와줘서 고마워

요"라고 감사의 인사를 건네는 것

'사람과 사람의 관계는 거울 같다'는 말처럼, 당신이
미소 지으면 상대도 미소로 화답합니다. 당신이 웃으면
상대도 웃습니다. 마음의 상태는 거울처럼 상대에게 전
해집니다.

지금까지 나를 위해서만 살아왔다면 자신의 시간
을 조금 희생해서 누군가를 위해 사용해보면 어떨
까요?

특별한 희생이 아니어도 괜찮습니다. 누군가를 위해
요리하거나 정원을 관리해보세요. 장을 보러 가는 것
도 좋습니다. 제게 상담을 받고 난 뒤 많은 환자들이 본
인의 변한 일상을 이야기합니다. 그 이야기를 들어보면
대부분은 이와 같은 것들입니다. 바빠서 내버려두었던

화분 하나를 챙기는 일상의 사소한 배려로 당신의 인생에 행복하고 멋진 순환이 생겨납니다.

유머에는
세상을 움직이는
힘이 있습니다

"유머란 유(you), 모어(more)란 뜻이야."

오래전에 친구에게서 들은 이야기입니다. '유머(humor)'는 유(you), 모어(more)가 결합한 말입니다. 유(you), 모어(more)란 '당신을 더욱 소중히 여긴다'는 뜻이지요. 의미야 어찌 됐든 왠지 피식 웃게 되지 않나요?

환자들에게 이 이야기를 들려주면 "선생님, 지금 유머 하신 거죠?"하면서 그때까지 잔뜩 찌푸리고 있던 표정이 한순간에 활짝 펴집니다. 과연 유머의 힘은 대단합니다.

"지금 그 아름다운 표정이 진짜 당신다운 표정이에요. '당신을 더욱 소중히 여긴다.' 정말 좋은 말 아닙니까?"제가 이렇게 이야기하면 환한 미소로 화답합니다.

"제 이름은 히노 오키오(樋野興夫)입니다. 영어로 번역하면 'Origin of Fire', 즉 불을 일으키는 사람(히[火]노 오키[起]오)입니다"라고 소개할 때가 있습니다. 그러면 역시 가벼운 웃음소리가 퍼집니다.

그런 유머를 위해 새로운 말을 만들어냅니다. 암철학 외래를 설명할 때 사용하는 '위대한 참견'이라는 말은 제가 약간 즐겁고 익살스러운 마음으로 만들어낸 말입니다. '참견'이라는 말은 너무 단정적이라서 명사만으로는 사람들에게 상처를 주기도 합니다. 그래서 '참견'이

라는 명사에 '위대한'이라는 형용사를 붙였지요. 어떤
가요? 훨씬 의미가 확장되고 느낌도 달라지지 않았나
요?

이런 게 언어 처방의 한 방법입니다. 원래의 말을 다
르게 느껴지도록 만드는 것입니다. 의미가 변하면서 만
들어진 새로운 에너지가 사람들에게 긍정적인 힘을 줍
니다.

예를 들면 이런 경우입니다. 좋은 탈색 머리와 나쁜
탈색 머리. '탈색 머리'라는 명사만 전달하면 사람에 따
라서는 선입견 때문에 부정적인 이미지를 떠올릴 수 있
습니다. 하지만 '좋은'이라는 형용사를 더하면 의미가
긍정적으로 바뀌면서 듣는 사람도 기분이 좋아집니다.
예를 더 들어볼까요?

착한 불효자와 나쁜 불효자. 착한 불효자는 어떤 일
이 발생했을 때 다른 사람들을 위해 자신을 희생할 수
있는 사람. 나쁜 불효자는 어떤 경우에도 자신만을 위
해 움직이는 사람.

좋게 튀는 사람과 나쁘게 튀는 사람. "좋게 튀는 사람
이 되십시오. 자신을 위해서가 아니라 다른 사람들을 위

해." 이것은 마틴 루터 킹 목사가 연설한 내용입니다.

이런 예는 얼마든지 있습니다. 좋은 병과 나쁜 병, 좋은 암과 나쁜 암……. '좋은'이라는 형용사를 붙이면 비관적이고 부정적인 말(명사)이라도, 미소를 짓게 하는 유머처럼 들립니다. 나를 둘러싼 세계가 넓어지는 느낌입니다.

유머라고 하면 생각나는 사람이 있습니다. 암철학 외래를 찾아온 남성인데, 그는 난치병 중에서도 어렵고 까다로운 췌장암을 앓고 있었습니다. 하지만 그 환자는 우울하거나 어두운 기색 하나 없이, 자신의 병에 대해 유머를 섞어가며 말하는 것이었습니다.

"어디서 소문을 들었는지, 성질 급한 사람이 벌써 장례식 때 쓰는 향을 보냈더군요. 어떻게 되돌려주면 그 급한 성질머리를 고쳐줄 수 있을까요?"

이런 말을 가벼운 마음으로 즐겁게 하는 그를 보고, 제가 더 용기를 얻곤 했습니다. 이렇게 인생에는 '유머'와 '유(you), 모어(more)'가 필요합니다.

상대방의 마음을
깊숙이 헤아린다면
좋은 참견입니다

참견에는 두 종류가 있습니다. 좋은 참견과 나쁜 참견이지요. 나쁜 참견은, 말하자면 '굳이 필요 없는 참견'입니다. 반면에 좋은 참견은 유머를 조금 섞어서 이렇게 부릅니다. '위대한 참견'이라고요.

위대한 참견이란 무엇일까요? 예를 들면 암철학 외래가 위대한 참견에 해당합니다.

수많은 사람이 "암철학 외래를 한마디로 정의하면 무엇입니까?"라고 물어옵니다. 저는 늘 이렇게 대답하지요. "한마디로 대답하자면 '위대한 참견'입니다."

그렇다면 쓸데없는 참견과 위대한 참견의 가장 큰 차이는 무엇일까요?

쓸데없는 참견은 본인의 기분대로 상대를 대하고(밀어붙이고) 있는 데에 반해, 위대한 참견은 상대방의 심리를 파악하고 상대가 필요로 하는 것을 지원합니다. 큰 차이가 없다고 생각할지도 모르지만, 참견을 받는 입장에서 보면 그 차이란 실로 크지요.

수술 후 식욕이 없는 환자에게 정성이 듬뿍 담긴 음식을 내밀며 "여보, 조금이라도 먹어봐요. 먹어야 회복이 빨라요" 하고 권하는 아내가 있습니다. 비슷한 예는 많이 찾아볼 수 있습니다.

"오늘은 좀 어때요?", "어디 아픈 데 없어요?", "얼른 나아서 우리 둘이 여행 갑시다", "힘내, 파이팅!" 하면서 입원해 있는 아내를 격려하는 남편도 있습니다. 그런데 이런 말이 상대에게 힘이 되지 않고 귀찮게 하는 말로 들릴 때도 있습니다. 왜 그럴까요?

물론 정성스러운 간호도, 격려도 필요합니다. 그런데 어떤 간호는 위대한 참견이 되고, 어떤 격려는 귀찮은 말로 느껴집니다. 그 차이가 무엇일까요?

정말 상대방을 위한 행동인가요? 평소에 그 사람과 좋은 신뢰 관계를 쌓아왔나요? 상대가 지금 듣고 싶어 하는 말인가요? 지금 상대방은 어떤 상태에 놓여 있나요? 혹시 자기 기분대로 밀어붙이고 있는 것은 아닐까요? 무엇보다 그 말을 하는 나는 진심으로 그 고통을 이해하고 있나요?

아무리 좋은 말과 충고도 자신의 기분대로 밀어붙이지 말고 상대의 마음을 먼저 살펴보세요. 무엇보다 자신의 말이 상대방에게는 귀찮을 수도 있다는 것을 알아야 합니다.

정말 필요한 관심은 무엇인지 상대방의 처지에서 생각해보세요. 그럴 때 마음은 더 따뜻해지고 말은 더 부드럽게 나옵니다. 당신의 그 마음이 고스란히 전해집니다.

전국적으로 규모를 확대한 암철학 외래 카페에는 현재 암 투병 중인 환자가 많습니다. 그중에서 한 남성이 자신을 이렇게 소개하는 것을 들었습니다.

"저도 역시 암이 재발해서 낙관적인 상태가 아니지
만, 여기 와서 다른 환자분들에게 이런저런 참견을
하고 있어요. 그래서 그런지 이런 참견은 참 바람직
하다고 생각합니다."

그분의 말이 우리에게 용기를 주는 건, 자신이 처한
어려움을 먼저 솔직하게 털어놓았기 때문입니다. 그분
처럼 어려움에 처해 있는 사람이 자기보다 더 힘든 상
황에 있는 사람들을 도우려고 할 때 위대한 참견이 됩
니다. 상대의 마음을 깊은 곳까지 들여다볼 때 위대한
참견이 됩니다. 그분처럼 위대한 참견을 하는 사람들이
하나둘씩 늘어난다면, 지금보다 훨씬 더 살기 좋은 세
상이 되지 않을까요? 위대한 참견, 두 손 들고 대환영입
니다.

"자신을 밀어붙이지 않고
상대의 마음을 먼저 살피는 것,
그 마음을 고스란히 전할 수 있다면
참견도 위대해질 수 있습니다."

지금
여기에
집중하세요

생명이란
살고 있는
지금 이 순간뿐입니다

영화나 드라마에서 시한부 인생이라는
설정이 자주 등장합니다. 시한부라는 것은 결국 확률론
일 뿐, 확실한 사실은 아닙니다. 언제 죽을지 정확하게
알 수 있는 사람은 없습니다. 그럼에도 불구하고 의사
는 아무렇지 않은 듯 이렇게 말합니다.

"이러이러한 치료를 하지 않으면, 길어야 반년 정도밖
에 살 수 없습니다."

암 임상 분야에서는 시한부 선고가 하나의 흐름으
로 자리잡아가고 있습니다. 처음 이 용어가 사용된 것
은 1990년대 중반입니다. 원래는 환자의 상태를 정확하
게 전달하기 위해 사용되었습니다. 그런데 지금은 환자
의 상태가 아니라 생이 얼마 남지 않았다는 것을 전달
하는 데 초점이 맞춰지는 것 같습니다.

느닷없이 시한부 삶을 선고받으면 누구나 엄청난 충
격을 받습니다. 인간은 자신의 수명을 알 수 없는 생물
이기 때문에 이는 당연한 반응이지요.

하지만 앞에서도 이야기한 것처럼, 시한부란 확률에
지나지 않습니다. 100퍼센트 확실한 사실이 아니란 뜻
입니다. 확률이라고 해봤자 70퍼센트 정도밖에 되지 않
기 때문에 의사의 시한부 선고를 있는 그대로 받아들
일 필요는 없습니다.

더구나 수명이라는 것은 의외성이 있습니다. 삶을 대
하는 태도가 수명에 엄청난 영향을 미칩니다. 살아가는

여유

목적이나 사명감이 있느냐 없느냐에 따라 사람의 목숨은 연장되기도 하고 줄어들기도 합니다.

위암으로 시한부 선고를 받은 한 남성은 "난 절대로 이 병 때문에 죽지 않아"라고 선언한 후 위 절제 수술을 한 지 10년이 지난 지금도 건강하게 살아가고 있습니다. "두 달밖에 못 산다고 했는데 벌써 2년이 지났습니다. 도대체 어떻게 된 거죠?"라고 되묻는 환자도 있습니다. 수차례 시한부 삶을 선고받았지만, 여전히 자신의 삶을 살아가는 사람도 있습니다.

시한부 선고는 그만큼 애매합니다. 그래서 아예 시한부 선고를 하지 않는 의사도 있습니다.

만약 시한부를 선고받으면 "어떤 이유로 그 숫자를 말씀하시는 겁니까?" 하고 담당 의사에게 물어보십시오. 조금 당돌한 질문처럼 느껴지지만, 아마 대답하기 어려워할 것입니다. 사람이 저마다 개성이 있듯이 병에도 개성이 있습니다. 특히 암만큼 개인차가 있는 병도 없습니다.

제가 만약 환자에게 얼마나 더 살 수 있는지 질문을 받는다면 이렇게 대답할 겁니다.

"남은 수명에 대해 아무리 따지고 들어도 답은 없습니다. 애매한 것은 그냥 애매하게 생각하시는 게 어떨까요? 그보다는 가족이나 친구들과 웃는 얼굴로 함께 지내는 시간을 소중히 여기며, 살아가는 방법을 고민하는 것이 더 좋지 않을까요?"

애매한 것은 애매하게 생각하는 것이 과학입니다. 확실하게 선을 그을 수 없는, 회색 지대의 사항들은 애매하게 대답할 수밖에 없습니다. 모르는 것을 아무리 생각해본다고 해서 당장 답이 나오지는 않습니다. 차라리 모르는 채로 두면 어떨까요?

생명이란 살고 있는 지금 이 순간에만 존재합니다. 그 누구도 기한을 정할 수 없습니다. 살아가고 있는 동안, 생명은 지속될 뿐입니다.

가끔은
그냥
내버려두세요

예전에 암 환자들을 대상으로 한 강연에서 이런 이야기를 했습니다.

"사는 동안 정말 중요한 것은 그리 많지 않습니다. 우리를 고민하게 하는 것의 대부분은 사실 아무래도 좋은 것들이에요. 그런데 그것들이 우리를 괴롭힙니

다. 그럴 때는 그냥 가만히 내버려두면 됩니다. 물론
생명과 관계된 특별한 상황이라면 또 이야기가 달라
지겠지요. 하지만 그렇지 않은 것은 대부분 그냥 내
버려두면 됩니다."

이 이야기를 들은 환자 한 분이 강연이 끝나고 이런
감상을 보내오셨습니다.

"선생님의 '내버려두라'라는 말이 마음을 울리더군
요. 복잡하고 변화무쌍한 현대 사회에서 오랜만에
가슴이 뻥 뚫리는 말을 들었습니다. '내버려두라'는
한마디에 개인적인 고민이 모두 날아가버렸지 뭡니
까. 복잡하고 뒤죽박죽 꼬인 일상에서 해방되어 눈
이 번쩍 뜨인 기분입니다."

인생을 살다보면 화가 나고, 상처받고, 슬프고, 고민
스럽고, 반성하고, 후회할 일들이 부지기수입니다. 하지
만 그중 대부분은 그냥 내버려두어도 되는 일들 입니
다. 마음속에 담아 놓고 계속 떠올리며 스스로를 괴롭

혀보았자 나아지는 것은 아무것도 없습니다.

마찬가지로 스스로 결정할 수 없는 어려운 문제 역시 그냥 내버려두면 됩니다. 잠시 지나면 내가 아닌 누군가가 해결해줄 테니까, 그렇게 생각해보세요. 실제로 부탁을 해보세요. 혼자 결정하기 어려운 일은 너무나 당연히 누군가의 도움을 받아야 합니다. 부탁을 받은 이가 도와주지 않는 경우도 있지만, 의외로 사람들은 도움을 요청받으면 내 일처럼 달려들기도 합니다.

제 경우에는 '환자들의 소망'이 그렇습니다. 저보다 어렵고 힘들어하는 사람의 부탁이나 소원은 바로 행동을 개시하지요. 그냥 내버려두거나 오래 끌어서는 안 됩니다. 그때만큼은 빠른 행동력과 용기 있는 결단이 필요합니다.

그럼에도 불구하고 이 세상에 정말 중요한 것은 그리 많지 않습니다. 그렇기 때문에 웬만한 것은 그냥 내버려두어도 괜찮습니다. 무조건 심각하게 머리 싸매고 고민할 필요가 없습니다. 좀 더 즐거운 인생을 살아도 됩니다. '내버려두자'는 마음가짐이 인생을 더욱 즐겁게 합니다.

문제는 반드시
해결해야 하는 것이
아닙니다

세상에는 아무리 고민하고 머리를 짜내도 어쩔 도리가 없는 일들이 있습니다. 예를 들면 '왜 나는 암에 걸렸을까?' 하는 것들이죠.

폐암의 일종인 중피종(中皮腫)은 석면이 발병 원인으로 알려졌지만, 어떤 메커니즘에 의해 정상 세포가 암 세포로 변이되고 성장해가는지 정확하게 밝혀지지 않았습니다. 이렇게 원인과 과정을 정확하게 알 수 없는 것들이 많습니다. 그런데 암에 걸렸다는 이유만으로 자신의 과거에 대해 죄책감을 가지는 사람도 있습니다. 그들은 모두 '왜(why)'를 묻고 있습니다.

나의 식생활에 문제가 있었나? 불규칙한 생활 때문인가? 정신적인 부분이 영향을 미쳤나? 신이 벌을 내린 것일까? 이런 질문들이 꼬리에 꼬리를 물며 감정의 소용돌이에 허우적거리게 만들지요.

암이라는 병은 우리에게 '왜'를 캐묻게 하는 질병입니다. 하지만 아무리 '왜'를 물어도 정확한 답을 얻을 수는 없지요. 우리가 할 수 있는 일은 '왜(why)'를 묻는 것이 아니라 '어떻게(how)'를 생각하는 것입니다.

메이지 시대의 군인인 도고 헤이하치로는 말년에 후두암으로 고통을 겪었습니다. 숨을 쉬는 것도, 물을 마시는 것도, 음식을 먹는 것도 너무 고통스러웠지요. 그고통을 견디지 못해서 어느 선생에게 상담했더니, 그 선생이 이런 대답을 하더랍니다.

"그 병은 원래 그렇게 아픈 겁니다."

그러자 신기하게도 이날 이후 도고는 아프다고 말하지 않게 되었다고 합니다. 고통에만 집중했던 도고에게 그 고통을 인정하고 받아들여 보라고 환기시켰던 것이지요. 물론 암이 완치된 것은 아니니 문제가 해결되지는 않았습니다. 하지만 말의 힘으로 눈앞에 닥친 문제는 해소할 수 있었던 것입니다.

문제를 반드시 해결해야 한다고 생각하지 마십시오. 세상에는 아무리 고민해도 해결할 수 없는 일들이 있습니다. 해소할 수만 있다면 그것으로 된 것입니다. '왜 그럴까'에 대한 답은 찾기 어렵습니다. 그런데 사람들은 본능적으로 '어떻게 하면 좋을까'에 대한 답은 알고 있습니다. 내가 할 수 있는 일에 집중해보세요. 그 힘이 병이나 죽음과 같은 거대한 장애물도 뛰어넘게 합니다.

여유

살다보면
누구에게나 힘겨운
순간이 있습니다

살다보면 누구에게나 힘들고 짜증 나는 일 한두 개쯤은 있기 마련입니다. 저 역시도 화가 나거나 우울한 기분 탓에 가라앉는 날이 있습니다. 그것이 인생이니까요. 그냥 헤쳐나가야 하지요.

종교학자 우치무라 간조 선생이 이런 이야기를 남겼습니다.

"살아 있는 물고기는 물살을 거스르지만, 죽은 물고기는 물살에 떠내려간다."

실제로 집 근처 강가에 가보면 살아 있는 물고기는 힘차게 물살을 거스르며 상류를 향해 헤엄칩니다. 죽은 물고기는 물살에 휩쓸려 떠내려갑니다.

우리 인간도 물고기와 똑같습니다. 하루하루 물살을 거슬러 헤엄치지 않으면 안 됩니다. 왜냐하면 그것이 살아 있다는 증거니까요. 역경을 헤치고 앞으로 나아가는 것 또한 우리네 인생입니다.

미국의 펜실베이니아주를 건설한 윌리엄 펜은 이런 말을 했다고 합니다.

"고통 없이는 승리도 없다. 가시 없이는 왕좌도 없다. 아픔 없이는 영광도 없다."

여유

우리 인간은 고통이 없으면 진솔한 품성이 표출되지 않습니다. 아픔이 없으면 희망도 가질 수 없습니다. 지금 서 있는 바로 그곳에서 한 걸음 내딛고, 스스로 희망을 찾아나서지 않으면 안 된다는 뜻입니다. 그러니 힘이 들면 내가 살아 있다고 느끼십시오. 수동적이어서는 안 됩니다. 마냥 기다리고만 있어서도 안 됩니다. 의식적으로 팔을 걷어붙이고 찾아나서야 합니다.

자신의 역할이나 사명을 발견하는 것은 바로 이런 것입니다. 적극적인 사람만이 삶의 보람을 찾을 수 있지요.

살다보면 반드시 힘겨운 상황에 처하게 됩니다. 그것이 인생입니다. 그리고 그 속에서 스스로의 길을 찾아 전진하는 것도 역시 인생입니다. 고통 속에 있어봐야 진솔한 품성이 나오는 것입니다.

현실보다
고통스러운 상황에
있다고 상상해보세요

그동안 3천 명이 넘는 환자와 그 가족들
을 만났고, 지금도 많은 분을 만나고 있습니다.

환자들은 '병에 들어서 몸을 자유롭게 움직일 수 없
으니 주변 사람들에게 폐만 끼친다. 나는 살아갈 가치
가 없다'라고 생각하지만 결코 그렇지 않습니다.

시한부 삶을 선고받아서 몸 상태가 너무 좋지 않은

여유

데도 불구하고, 늘 웃는 얼굴로 이야기하는 분이 있습니다. 제대로 걸을 수조차 없는데도 먼 곳에서 몇 시간이나 걸려 면담을 오는 분도 있습니다.

그런 분들을 마주하고 있으면 제 몸이 쪼그라드는 느낌이 듭니다. 하루하루 제가 느끼는 짜증과 고통이 아무렇지도 않게 느껴집니다. 사소한 일에 일희일비하는 자신이 부끄러워집니다. 언어 처방전이라는 거창한 구호를 내세우고 있지만, 여전히 부족하고 미숙한 반쪽짜리 인간임을 새삼 확인하게 됩니다.

환자분들과 대화를 나누다보면 고개가 절로 숙여집니다. 겸허한 자세는 이런 기회로만 배울 수 있는지도 모르겠습니다.

인생에 꿈과 희망이 없다고 느껴진다면 암철학 외래나 암철학 카페를 찾아오시면 어떨까요? 자기보다 더 어려움에 처해 있는 사람들을 찾아가는 것도 좋습니다.

고통으로 절망에 빠진 사람이 그럼에도 불구하고 힘을 내는 모습에, 사람은 감동합니다. 좀 더 기운을 내서 살아가겠다는 용기를 얻습니다. 그와 동시에 나는 아직 견딜 만하다는 것을 통감하게 됩니다.

삶의 활력을 느낄 수 없다면 내가 지금 고통스러운 상황에 처해 있다고 생각해보세요. 그럼에도 불구하고 웃고 있는 자신을 발견해보세요. 분명히 그 웃음으로 힘겨워하는 사람을 위로할 수 있습니다. 마이너스끼리 만나면 인생은 플러스로 바뀝니다.

마이너스(-) × 마이너스(-) = 플러스(+)

고통을 겪는 사람들의 모습을 통해 배울 수 있는 것들은 의외로 많습니다. 오늘도 저는 수많은 가르침을 받습니다.

여유

사람은
사람을 통해
치유받습니다

　　본래 사람은 같은 사람에게 치유를 받는 존재입니다. 하지만 요즘은 워낙 사람들이 냉랭해서 동물이 그 역할을 대신하기도 합니다. 개와 고양이는 말을 할 수 없지만, 사랑스러운 모습과 애교로 우리의 마음을 따스하게 어루만져 줍니다.

　　하지만 동물과 스킨십하면 기분은 편안해져도, 좀처

럼 긍정적인 마음이 들지 않아 걸음을 내디딜 수 없는 사람들도 있습니다. 사람을 위로하는 것은 결국 사람이기 때문입니다.

'역시 마지막에는 사람들끼리의 접촉과 교감이 필요하구나'라고 생각해봅니다. 집 안에 틀어박혀서 개나 고양이와 놀 수는 있습니다. 하지만 그것이 인간 본래의 모습일까요? 절대로 그렇지 않습니다. 그러면 나를 위로할 사람은 어디에 있을까요? 찾아나서야 합니다.

안으로만 향하는 마음을 밖으로 돌려야 합니다. 좀 더 구체적으로 말하면, 내가 아닌 다른 사람에게 관심을 가져야 한다는 뜻입니다. 그것이 본래 우리의 모습이 겠지요.

사람은 사람을 통해 치유받습니다. 거리로 나가봅시다. 특별한 누군가가 아니어도 됩니다. 오래 알고 지낸 사이가 아니어도, 나를 잘 모르는 사람이어도 됩니다. 그렇기에 제가 암철학 외래를 할 수 있는 것입니다. 봉사할 곳을 찾아봐도 좋습니다. 도움의 손길이 필요한 곳은 어디든지 있으니까요. 어디를 가든 마음이 채워지지 않던 분들도, 만족스러운 마음이 될 것입니다.

여유

본래 사람은 사람을 통해 치유를 받는 존재입니다.
마지막에는 사람의 힘이 필요합니다.

나에게
의미 있는 또 다른
일을 찾아보세요

제가 학교를 다닐 때는 복수전공이 흔한
일이 아니었습니다. 한 가지 일에 전념하는 것이 미덕으
로 여겨졌다고나 할까요? 요즘에는 두 개 이상의 전공
을 선택하는 학생뿐 아니라 두 개 이상의 일을 하는 직
장인도 많아졌습니다. 싱글메이저(single major) 시대가
가고 더블메이저(double major) 시대가 온 것입니다. 앞으

로는 의식주를 위한 일 외에 또 한 가지 자신의 열정을
쏟을 수 있는 일을 갖는 것이 좋습니다.

모리 오가이 선생은 저와 같은 고향 출신의 의사인
동시에, 문호이기도 합니다. 그는 동서양의 학문을 골고
루 겸비하여 '더블메이저 학자'로서의 중요성을 역설했
습니다. 그야말로 더블메이저의 선구자 역할을 한 사람
으로, 제가 고스란히 닮고 싶은 인물 중 한 분입니다.

제 직업은 종양병리학 교수입니다. 의식주를 위해 급
여를 받는 본업인 셈이지요. 반면 직접 발기인으로 참
여하여 시작한 '암철학 외래'는 본업이 아닙니다. 제가
삶의 보람과 의미를 찾기 위해서 하고 있는 일입니다.

"더블메이저를 하려면 정년퇴직 전에 시작하는 것이
좋아. 퇴직 후에는 누구든 이제까지 못했던 일을 하려
고 하잖아. 하지만 본업이 있을 때 병행할 수 있는지 생
각해보면 그 일의 의미가 확 다르게 느껴지지. 내가 가
진 담력도 시험할 수 있고." 예전에 한 선배가 제게 해

준 말입니다.

자신의 전공이 아닌 일을 하고 있으니, 주위 사람들에게 어떤 말을 들을지 모르겠습니다. 야유를 받을 수도 있고 바보 취급 당하거나 비난받을지도 모릅니다.

그래도 저는 합니다. 그렇게 저의 담력을 키웁니다. 더블메이저로 산다고 해서 본업을 소홀히 하지는 않습니다. 주어진 일은 확실히 끝낸 다음, 다른 일에 열정을 불태우고 있지요.

나의 현재 본업이 의식주를 해결하면서 보람도 느끼는 일이라면 가장 이상적이라고 할 수 있습니다. 가장 행복한 삶입니다. 하지만 모두에게 가능한 삶의 방식이 아닙니다.

단지 생계를 위해 그 일을 하는 경우도 많습니다. 물론 열심히 하면 모든 일에서 보람을 찾을 수 있습니다. 그렇다고 한 가지 일만 고집해서는 안 됩니다. 특히 저는 병 앞에서 이와 같은 태도가 도움이 된다고 생각합니다. 지금껏 한 가지 일만을 위해서 살아왔는데, 어떤 병으로 인해 그 일을 버려야 할 수도 있습니다. 그러나 그 일이 사라졌다고 해서 내 삶이 사라지는 건 아닙니다. 그 일은 놓쳤지만, 또 다른 일을 할 수도 있습니다. 본업이 바뀔 수 있고, 본업이 아닌 일이 어쩌면 내 삶에서 더 큰 즐거움을 줄 수도 있습니다. 단 하나의 일에서만 보람과 의미를 느낀다면, 삶이 얼마나 불안할까요?

그렇기 때문에 본업이 아닌 다른 일에서 보람과 의미를 찾아야 하는 겁니다. 그렇지 않으면 생애 전환기가 찾아올 때 진정한 의미에서 자신을 채울 수 없을 테니까요. 주위 사람들이 뭐라고 해도 자신에게 의미 있는 또 다른 일을 찾아보세요.

아프다고 해서
환자인 것은
아닙니다

암이나 심장병 같은 중증 질환을 앓게 되면 자신을 '환자'라고 생각해서 마음을 닫아버리고 집 안에만 갇혀서 지내거나 우울증을 호소하는 사람들이 있습니다. 병이 생겼다는 것이 기뻐할 일은 아니지만, 아프다고 해서 무조건 환자가 되는 것은 아닙니다. 병이 들었어도 보통 사람들처럼 남들과 교류하고, 일하고, 즐겁게 지내는 사람들을 많이 보아왔기 때문입니다.

지금은 비록 병이 들었지만, '당신'이 '당신'인 것은 병이 들기 전이나 후나 변함없는 사실입니다. '병=환자'가 아니라는 이야기입니다.

치료할 수 있는 암이라면 치료하면 됩니다. 하지만 재발이나 전이를 반복하면서 치료가 어려워지는 암은 불효자식인 셈 치세요. 자식이 모두 다 효자는 아니지만, 내 자식은 내 자식이니까요. 내 몸에 있는 암이 잘 치유되지 않아도, 어쨌든 내 몸이니 앞으로 어떻게 대처할지 생각하는 것이 최선입니다.

싸우고, 무시하고, 공생하고, 공존하고, 우리 삶에는 여러 가지 선택 사항이 있습니다. 하지만 어쩔 수 없이 함께 지내야 한다면 존재만큼은 인정하는 것이 좋지 않을까요? 받아들이면 비로소 보입니다.

그렇다고 각별하게 잘 지낼 필요는 없습니다. 함께 살아가야 한다는 각오를 다질 필요도 없습니다. 그냥 상대의 존재를 인정하는 것, 그것뿐이면 됩니다. 다시 말해서 '공존'하는 것이지요.

공생과 공존은 언뜻 비슷한 말 같지만 큰 차이점이

있습니다. 공생(共生)이란 주고(give) 받고(take), 상대방의 부족한 부분을 보충해주면서 살아가는 것을 말합니다. 이에 반해 공존(共存)은 두 가지 이상이 동시에 존재하는 것을 가리킵니다. 공존에는 공생 같은 관계(give and take)가 없습니다.

병으로 힘들어하는 사람은 '환자'라는 좌석에 앉아서, 그곳에서 보이는 풍경이 세상의 전부라고 생각합니다. 만약 그렇다면 일단 '환자'라는 자리에서 벗어나 주변을 둘러보십시오. 훨씬 커다란 세계가 펼쳐져 있다는 것을 깨닫게 될 것입니다.

함께하는 것이 고통스러울지라도 그 존재만큼은 인정해주세요. 우리 인간만이 할 수 있는 고상한 행위니까요.

여유

"힘들 때일수록
밖으로 나가야 합니다.
결국 사람은 사람을 통해
치유받으니까요."

마음의
빈틈을
채우는 언어들

진실은
가장 가까운 곳에
있습니다

　　"정말 좋은 것은 쓰레기통 안에 있습니다." 제가 이렇게 말하면 사람들이 어리둥절해합니다. "그게 무슨 말인가요?" 저는 그다음 말을 이어갑니다. "그렇기 때문에 누구나 발견할 수 있습니다." 여기까지 듣고도 아직 무슨 뜻인지 몰라 다들 갸우뚱거립니다. "돈이 많이 들거나 아주 멀리까지 찾아가서 얻어야 하는 것은 진짜가 아닙니다." 이쯤 되면 아하, 하고 고개를 끄덕이는 분들이 있습니다. 언어 처방이란 이렇게 약간의 충격을 주는 말을 찾는 것입니다.

결국 제가 하고 싶은 말은 이것입니다. 진실은 누구든지 찾아갈 수 있는, 가까운 장소에 있습니다. 진실은 쓰레기통 안에 있습니다.

인류에게 오랫동안 회자된 이야기들을 봐도 그렇습니다. 예수님이 어디에서 태어났는지 아시나요? 바로 마구간입니다. 우리는 오래전부터 쓰레기통 안에서 빛을 찾았습니다.

정말 좋은 것은 공짜입니다. 가격이 비싼 것은 진짜가 아닙니다. 정말 좋은 것은 누구나 손에 넣을 수 있는 것입니다. 그것이 이 세상의 원리요, 원칙입니다.

미국 속담 중에 이런 말이 있습니다.

"인생에서 가장 귀한 것은 모두 공짜다."

돈이 많은 사람은 돈을 내고 좋은 것을 사면 됩니다. 하지만 돈이 없다고 해서 좋은 것을 얻지 못하는 것은 아닙니다. 왜냐하면 정말 좋은 것은 공짜니까요. 생각해보십시오. 우리의 인생에서 정말 좋은 것들을 한번 꼽아보십시오.

자신의 역할을 찾아내고 거기에 온 힘을 쏟는 것
자신보다 다른 사람을 먼저 생각하는 것
웃는 얼굴로 사람을 대하는 것
자신의 가족을 소중히 여기는 것
이 세상을 떠날 때 선물을 남기고 가는 것

이런 것들이 정말 좋은 것입니다. 물론 유형의 상품에 대해서는 돈을 지불해야 합니다. 예를 들면 약이 그렇겠지요. 하지만 제가 암철학 외래에서 환자들에게 건네는 언어 처방전은 공짜입니다. 게다가 부작용도 없지요.

부자가 된다거나 회사에서 승진한다거나 유명인이 된다거나 하는 삶을 목표로 삼는 사람도 있지만, 그런 것은 아무래도 좋습니다. 원한다고 무조건 될 수 있는 것은 아니니까요. 모두가 얻을 수 없는 것은 정말 좋은 것이 아닙니다.

그래서 저는 정말 좋은 것은 쓰레기통 혹은 길거리에 있다고 말합니다. 많은 돈이 필요하거나 아주 멋진 곳에 있는 것이 아닙니다. 큰돈을 지불해야 손에 넣을 수 있다면 정말 좋은 것이 아닙니다. 인생에서 가장 좋은 것은 누구나 얻을 수 있습니다. 누구나 얻을 수 없고, 누구에게나 필요한 것이 아니라면, 좋은 것일 리가 없지 않겠습니까.

걱정한다고
문제가 해결되지는
않습니다

일, 돈, 건강, 가족, 장래.

사람이 태어나서 죽을 때까지 걱정하는 것들입니다. 앞으로도 이런 걱정거리들로 인해 근심과 불안이 지속되겠지요. 그러니 그냥 '조금만' 걱정하십시오. 자기 힘으로 컨트롤할 수 없는 일에 일희일비했다가는 몸도 마음도 지치기 마련입니다.

"할 수 있는 만큼 해보고, 나머지는 마음속으로 조금만 걱정하면 돼. 어차피 어떻게 할 수 없으니까"라고 말한 카츠 카이슈처럼, 저는 의연하고 대범한 삶을 살고 싶습니다.

우리가 고민하는 것들 대부분은 그다지 중요하지 않습니다. 정말 중요한 것은 불과 몇 가지밖에 되지 않습니다. 평소에 어떻게 되든 크게 중요하지 않은 것들 때문에 울고 웃고 하는 셈이지요.

걱정을 없애기 위해 '제대로 알아야겠다'는 마음이 발동할 때가 있습니다. 모른다는 것 자체가 우리를 불안하게 만들기 때문이지요. 그래서 각종 정보와 지식을 찾습니다. 인터넷과 의학 서적을 찾아보며 자신의 병을 조사하는 환자들이 있습니다. 하지만 아무리 검색하고 공부해도 불안한 마음이 완전히 사라지지는 않습니다.

왜냐하면 정보나 지식은 외면적인 것이기 때문입니다. 외면적인 것들로 우리의 내면을 채울 수는 없습니다. 그렇게 채워지지 않은 가슴을 끌어안은 채 많은 분이 암철학 외래를 찾습니다.

반면 걱정하는 마음에 아무것도 알려고 하지 않는 분들도 있습니다. 암이 재발할까 봐 너무 걱정돼서 어디에도 손을 대지 못하는 분도 있습니다. 이런 분들에게 저는 "최선을 다하고, 마음속으로는 조금만 걱정하세요. 걱정한다고 해서 저절로 해결되는 일은 없으니까요"라는 언어 처방전을 건넵니다.

죽음은 분명히 누구에게나 찾아옵니다. 하지만 그렇다고 해서 언제 찾아올지 모르는 죽음을 두려워하며 벌벌 떨면서 살아갈 수는 없지 않습니까?

'언젠가는 죽는다'는 것을 기억해두는 것만으로 충분합니다. 최선을 다한 다음, 나머지는 마음속으로 조금만 걱정하면 됩니다. 세상은 아무래도 좋은 일들이 훨씬 많습니다. 그리고 정말 중요한 일들은 아주 적습니다.

마음의 빈틈을
좋은 대화로
채워보세요

암철학 외래에서는 환자들이 웃는 얼굴로 돌아가는 것을 최선으로 여깁니다. 눈물을 흘리며 찾아왔더라도 돌아갈 때는 웃을 수 있는 것. 그것이 환자들의 바람이고 저의 바람입니다.

암철학 외래의 면담과 카운슬링의 차이를 궁금해하는 분들이 종종 있습니다. 카운슬링이 상대방의 이야기에 귀를 기울이는 '경청'을 중시한다면 암철학 외래에서 말하는 면담은 사람과 사람의 '대화'입니다.

누군가에게 고민을 털어놓으면 속이 후련합니다. 친한 친구에게 이런저런 울분을 토한 덕분에 가슴이 뻥 뚫린 경험이 한 번씩 있을 겁니다. 하지만 그것은 일시적인 처방에 지나지 않습니다. 조금 있으면 고민과 울분이 앙금처럼 다시 내려앉기 시작하지요. 또다시 이야기를 들어줄 사람이나 장소를 찾아나섭니다.

카운슬링의 필요성을 부정하는 것은 아닙니다. 카운슬링은 카운슬링대로 의미가 있습니다. 그것으로 고민을 해소하는 사람도 있을 테고요. 반면에 카운슬링만으로는 마음이 채워지지 않는 사람도 있겠지요.

면담하러 오는 환자 중에는 무엇을 상담해야 할지 모르는 분들도 많습니다. "무슨 이야기를 해야 할지 모르겠지만, 일단 왔어요"라고 하는 분들이 대부분입니다. 자신의 고민을 정확히 알고 있는 사람은 그나마 침착합니다. 그러나 그러기 쉽지 않지요. 인생의 가장 깊은 부분에 대해 고민하다보면 정작 무슨 말을 해야 좋을지 혼란스러운 법입니다.

그렇기 때문에 첫마디부터 다짜고짜 "오늘은 무슨 일로 오셨습니까?" 하고 묻지 않습니다.

우선 차를 마시면서 일상적인 이야기를 합니다. "어디 다녀오시는 길이세요?", "암철학 외래는 어떻게 아셨나요?", "찾아오기 어렵지 않으셨어요?"라는 질문으로 시작합니다.

1시간 면담 시간 중에 처음 15~20분 정도는 아주 일상적인 대화를 나눕니다. 그러다보면 상담자의 머릿속이 정리되어가는 것을 느낄 수 있지요. '내가 여기에 왜 왔는지'를 조금씩 꺼내기 시작합니다. 그렇게 20분 정도 지나고 나면 본격적으로 일대일 대화가 시작됩니다.

대화할 때는 상대를 나와 동등한 인간으로서 대합니다. 환자와 의사 관계가 아니지요. 그렇게 이야기를 나누다보면 상대방 마음속의 틈새를 발견하게 됩니다. 그리고 나의 뇌 속 서랍을 뒤져서 그 틈새로 빛을 비춰줄 수 있는 문장을 찾아냅니다.

안목

몸도 마음도 건강할 때는 틈새가 없는 인생을 보낼 수 있습니다. 그러다가 어느 날 어떤 이유에서든 그 균형이 무너져버리고 마음에 틈새가 생깁니다. 그 틈새를 비춰줄 빛조차 찾기가 힘들지요. 마음속은 칠흑 같은 어둠이 되어갑니다. 어둠 속에서 앞으로 나아갈 길을 잃은 채 고독해져서, 무엇을 어떻게 해야 할지 헤매는 것입니다.

바로 그곳에 '언어의 힘'으로 빛을 비춰주는 것이 암 철학 외래의 역할입니다. 면담이 끝나면 많은 분이 자기 힘으로 깊은 우물물을 길어 올린 것처럼 후련한 표정을 짓습니다. 분명 마음속에 빛이 스며들기 시작했을 테지요.

어떤 말을 선물할지는 그 사람의 상황과 성향을 보고, 뇌 속 서랍에서 그 사람에게 맞는 문장을 고릅니다.

"내일 세상을 떠나도 오늘 꽃에 물을 주세요."
"아프다고 해서 환자인 것은 아닙니다."
"대부분은 그냥 내버려두어도 되는 일들입니다."

환자의 고민을 해소하려면 이야기를 들어주는 것만으로는 부족합니다. 그들의 머릿속에 더 이상 고민하지 않을 수 있는 시스템을 만들어주어야 합니다. 그 계기가 되어주는 것이 이 언어들이겠지요. 어떤 대화라도 좋으니 대화를 많이 나눠보십시오. 내 말만 하거나 반대로 상대방의 말을 듣지만 말고, 오가는 대화를 하십시오. 무엇인가가 오갈 때 발견하는 마음의 공간이 있습니다. 그런 공간을 찾고, 그 공간에 좋은 말로 빛을 비춰주는 것. 그것이 대화가 가진 힘입니다.

나만의
명언이 있다면
불안이 해소됩니다

말은 사람을 치유하기도 하지만, 상처를 주기도 합니다. 암철학 외래에서는 환자 한 사람 한 사람에게 언어 처방전을 줍니다. 물론 사람마다 다른 처방을 하지요. 암에 맞는 약, 당뇨병에 맞는 약, 고혈압에 맞는 약이 다른 것처럼 언어 처방전도 환자들의 숫자만큼 다양합니다.

언어 처방전을 줄 때 가장 신경 쓰는 부분은 '상대에 대한 배려'입니다. 말이란 약이 되기도 하고 독이 되기도 합니다. 같은 말이라도 그로 인해 위로를 받는 사람이 있는가 하면 상처를 입는 사람도 있으니까요.

자기 기분대로 상대를 대하다보면 말로 상처를 줄 수 있습니다. 하지만 암철학 외래에서는 부작용이 없는 언어를 처방해야 합니다. 그러기 위해서는 부작용이 일어나지 않도록 적시에 진단하고 적확한 치료를 하도록 명심하고 또 명심하지요.

'언어 처방전'이라고 하니까 엄청 거창하게 느껴지지만, 이것은 누구나 할 수 있는 일이고, 누구나 줄 수 있는 선물입니다. 왜냐하면 제가 하는 일이란 위대한 현인들의 말을 암기하고 나의 말로 바꾸어서 이야기하는 것뿐이니까요.

어려운 일이 아닙니다. 상대에 대한 배려만 명심한다면 어린아이도 할 수 있는 일입니다. 상대의 상황을 살

안목

피고 그 사람에게 맞는 언어를 머릿속에서 골라낸 다음, 그중 한두 개를 건네면 효과 만점입니다.

대화의 흐름에 끌려다니다 보면 효과가 반감할 수 있기 때문에, '좀 당돌한가?' 하고 생각될 정도의 타이밍에 거듭해서 말을 들려주면, 오히려 상대방의 마음에 더 큰 울림을 줍니다.

마음을 울리는 말은 뇌에도 기억됩니다. 한 개든 두 개든 기억할 수 있는 말을 갖게 되면, 그것을 주축으로 머릿속에서 논리가 전개됩니다.

혼자가 되어 불안할 때, 외로울 때, 부정적인 생각에 지배당할 때, 이런 말들을 갖고 있으면 그 힘으로 이겨낼 수 있습니다.

아플 때 약을 먹는 것처럼, 힘들 때 반복할 수 있는 말들을 갖고 있으면 마음이 조금은 편안해집니다. 저도 사실 늘 쓰는 말을 마음속에서 반복합니다. 이런 것들입니다.

"무엇을 할까(to do)보다 어떻게 존재할까(to be)."

"씩씩하고 고상한 생애."

"우리가 당장 해야 할 일은 그저 인내하는 것뿐."

인간은 말로 상처 입고, 말로 위로도 얻습니다. 차라리 침묵하는 편이 나을 수도 있다고 생각하겠지만, 역시 말이 아니면 할 수 없는 일들이 있습니다. 왜냐하면 말은 생각의 시작이고, 행동은 생각에서부터 일어나기 때문입니다.

우리가 학창 시절 책상 앞에 좋은 문장을 붙여놓은 것도 비슷한 이유입니다. 그런 나만의 명언이나 신조가 있다면 불안과 외로움을 이겨낼 수 있습니다. 약을 먹는 것처럼 그 문장들을 마음속에서 되새겨보세요. 그런 문장들을 찾는 데서 인생의 의미를 새롭게 발견할 수 있습니다.

내 인생은 의미가 없다, 이번 생은 이렇게 끝난다, 이런 생각은 하지 말고 '나에게는 나만의 명언이 뭐가 있을까?' 이런 질문을 던져보세요. 그리고 그 질문에 대한 답을 찾아보세요. 그 답이 나를 이끄는 경험을 하게 될 것입니다.

안목

인생에
괜한 기대를
걸지 마세요

병 때문에 출세가도를 이탈하거나 직장을 잃게 되면, 인생의 목적과 보람까지 잃어버리는 사람이 있습니다. 한 방향만 바라보고 질주하다가 예기치 못한 상황에 맞닥뜨리고 방향을 잃어버린 것이지요.

암철학 외래를 찾은 A도 그런 사람 중 하나였습니다. 암 치료를 마치고 직장으로 복귀한 것까지는 좋았는데 자신이 있을 곳이 없더랍니다. 상사에게 "지금까지 했던 것처럼 일하게 해주십시오" 하고 사정했지만 "서두를 것 없으니 자네는 몸부터 잘 추스르게" 하면서 받아들여 주지 않았습니다.

A는 제게 "이제 다시는 제자리로 돌아갈 수 없는 걸까요?"라며 절망의 눈빛으로 물었습니다. 저는 어떻게 말해야 할까요? 위로한다고 해서 그분에게 도움이 될까요? 원래의 자리로 돌아갈 방법을 같이 찾아보자고 해야 할까요? 매우 어려운 일입니다.

살다보면 나의 노력으로 해결할 수 없는 일들이 벌어집니다. 그럴 때 우리는 방향을 잃습니다. 무엇을 해야 할지 모르겠고, 누군가를 원망하고 싶은 마음이 커집니다. 딱히 해결책도 없습니다. 그럴 때야말로 우리는 '인생의 목적'을 다시 생각해보아야 합니다.

인생의 목적은 무엇일까요? 성공을 하고, 부자가 되고, 회사에서 중책을 맡는 것일까요? 아니요. 그렇지 않습니다. 그것은 목표이지 목적은 아닙니다.

건강할 때는 좋은 직업과 직책이 있어서 좋겠지요. 나는 대단하다, 나는 특별대우를 받고 있다, 이 세상에서 내가 제일 행복하다, 이렇게 느낄 수 있겠지요.

하지만 예기치 않은 사건이나 사고가 벌어지고 일선에서 물러나면, 그 순간 갈 곳을 잃고 우울증을 호소합니다. 왜 그럴까요? 자신의 인생에 너무 큰 기대를 하고 있었거나 형식적인 간판을 중시했기 때문일 겁니다.

이렇게 말해보겠습니다. 출세가도를 벗어났으니 좋은 것 아닌가요? 중책을 내려놓았으니 잘된 일 아닌가요? 일이 줄어들었으니 좋지 않나요? 일이라는 것은 의식주를 해결할 정도면 충분하지 않나요?

우리의 인생을 근본적으로 되돌아보아야 합니다. 그런 시선으로 보면 경제적 자립만 할 수 있으면 지위나 명예 같은 건 아무래도 좋습니다. 할 일이 별로 없어도 회사에서 월급이 나온다면, 우선 그 상황을 편하게 받아들여 보세요. 회사에서 나를 바라보는 시선, 동료들이 나를 평가하는 태도는 중요하지 않습니다.

나는 왜 이 일을 할까요? 아주 단순합니다. 나의 의

식주를 해결하기 위함입니다. 일은 의식주 해결을 위한 것으로 생각하고, 삶의 보람은 다른 곳에서 찾아도 됩니다. 삶의 방식은 한 가지가 아니기 때문입니다.

어느 회사에 다니는지, 직책이 무엇인지 등의 간판에서 벗어나, 비로소 '진정한 자신'과 마주해보기 바랍니다. 인생을 다시 바라볼 절호의 기회입니다.

자신의 인생에 괜한 기대를 걸지 마세요. 오히려 인생이 나에게 기대를 걸고 있다고 생각해보세요.

후회하지 않는 인생에 필요한 것은 돈이나 지위, 명예가 아닙니다. 자신에게 주어진 역할을 발견하고 거기에 전력을 쏟아붓는 것입니다.

우리가 행복이라고 생각하는 많은 것들이 사실은 외면적인 것입니다. 숱한 사람들이 외면적인 것만 쫓다가 결국 실망으로 끝을 맺습니다. 이 진리를 깨닫기 위해 죽음에 대해 사색해보십시오. 죽음에서 시작한 사색을 통해 우리 인생에서 진정으로 필요한 것을 깨달을 때, 마음에서 우러나는 기쁨이 있습니다. 그 기쁨을 언제나 마음에 깊이 새겨두십시오.

나의 근원을
깨달으면
자신감이 생깁니다

"내가 그렇게 만만해 보이나!"

전(前) 도쿄대 총장이자 정치학자이기도 했던 난바
라 시게루 선생이 한 말입니다. 국회에서 자신에게 쏟아
진 비난과 야유 앞에 이 한마디를 던졌지요. 그러곤 자
신을 둘러싼 논란을 단번에 일축했습니다.

엄청난 자신감 아닌가요? 자신을 위대한 사람이라고 생각할 때 할 수 있는 말입니다. 아무나 할 수 없는 말이지요. 만약 제가 이런 말을 했더라도 똑같은 효과가 있었을까요? 그럴 리 없습니다. 결국 말이란 '어떤 말을 했는가'보다 '누가 말했는가'가 중요합니다.

그러면 그 '누구'는 어떻게 만들어지는 걸까요? 저는 난바라 선생의 저 말을 들으면서, 그 말의 무게감이 어디에서부터 왔을까를 생각해보았습니다. 선생의 말 뒤에는 그의 능력도 있지만, 그가 스승으로 모셨던 우치무라 간조와 같은 분들의 영향력도 느껴집니다. 즉, 한 사람의 말과 행동 뒤에는 그 사람을 있게 한 '원류(原流)'가 있습니다.

커다란 강도 처음에는 작은 원류에서 시작합니다. 저에게도 그런 원류와 같은 분들이 있습니다. 제가 암 철학 외래를 하면서 환자들과 나누는 말은 제가 혼자 생각해낸 것이 아닙니다. 제가 읽고 또 읽은 책들, 그 책들의 저자들이 오늘의 저를 있게 해준 것입니다. 그런 존재들을 오리지널, 다시 말해 근원이라고 할 수 있겠지요.

저는 저의 근원을 만들어준 사람들의 책을 지금도 읽고 또 읽고 있습니다. 뿐만 아니라, 암철학 외래에 오는 분들에게도 적극적으로 추천하고 있습니다.

그렇게 추천하는 이유는 저와 똑같은 사람이 되기를 원해서가 아닙니다. 똑같은 책을 읽어도 그것을 발전시키는 것은 각자의 몫입니다. 중요한 건 자신이 근원으로 삼을 만한 것들을 발견하느냐, 발견하지 못하느냐입니다. 저는 각자가 자신의 원류를 갖기를 바랍니다.

인생에서 나의 근원을 갖는 일은 매우 중요합니다. 근원이 명확하면 삶의 방식에 흔들림이 없을뿐더러 새로운 도전을 향한 각오도 새록새록 솟아납니다. 근원이 명확하기 때문에 거기에 개인의 경험이 더해지면, 저마다의 개성이 더욱 새롭게 만들어집니다. 자신감이 생깁니다. 겉으로 보이지 않는 근원에 대한 확신이 있을 때 "내가 만만해 보이나!"라고 외칠 수 있습니다.

원류는 어렵거나 거창한 게 아닙니다. 오히려 우리의 생각과 행동의 원류가 되어주는 것들은 누구나 쉽게 접근할 수 있지요. 책으로 비유하면 누구나 한 번쯤 읽을 수 있고, 누구나 감동할 만한 고전과 같은 것입니다.

지금은 자신의 근원을 깨닫고 살아가는 이들이 놀랄 정도로 적습니다. 한 나라의 리더나 기업체 대표라고 할지라도 그들이 누군가의 원류가 되는 것은 아닙니다. 오히려 우리가 일상에서 마주하는 평범한 사람들이 우리에게 커다란 감동을 줍니다. 겉으로 보이는 모습이 대단하다고 하여 원류가 되는 건 아니지요.

시대를 이겨낸 고전 중에 많은 것들이 아주 쉬운 언어로 되어 있습니다. 남녀노소 누구나 공감할 수 있는 것들이지요. 진정으로 위대한 것들을 잘 살펴보면 믿을 수 없을 만큼 미미하다는 사실을 발견할 수 있습니다. 우리가 흔히 말하는 '인생의 지혜'라는 것들이 그렇지요. 누구나 공감하고 실천할 수 있는 것입니다. 제가 앞에서 "정말 좋은 것은 쓰레기통 안에 있다"라고 한 것도 비슷한 맥락입니다.

암유전학의 시조이자 제 스승이기도 한 알프레드 노드슨 박사가 이런 이야기를 했습니다.

"근원은 하나다. 거기에서 여러 갈래로 나뉜다. 말초까지 하나하나 따라가더라도 근원을 잃으면 결국에는 지쳐 쓰러질 뿐이다. 그러므로 근원을 찾아낼 필요가 있다."

근원을 깨닫고 살아가는 이들이 많아지길 바랍니다. 많은 사람들이 앞으로 원류에 다가갈 기회를 가지길 빕니다. 그런 기회를 갖기 위해서 꼭 기억해야 할 것은 중요한 것의 본질은 의외로 작고 미미하다는 점입니다. 원류를 알고, 원류가 되는 삶을 살아가세요.

내 곁에 있어줄
한 사람만 있다면
괜찮습니다

나를 필요로 하는
사람들을
만나세요

"교육이란 모든 것을 잊은 후에 남는 것을 말한다."

이 명언을 들으면 떠오르는 일화가 있습니다.

병리학자인 요시다 토미조 선생의 제자들이 들려준 이야기입니다. 그들은 이렇게 말합니다. "선생님께 배운 것들은 대부분 기억나지 않지만, 한 가지 확실히 기억하는 것이 있습니다." 그들이 지금까지 기억하는 것은 무엇일까요? 그들이 기억하는 스승의 가르침은 이것입니다.

> "로빈슨 크루소처럼 무인도에서 혼자 살면 좋은 사람인지 나쁜 사람인지 알 수가 없다. 그 사람이 집단 속에서 어떤 행동을 하느냐에 따라 비로소 그 사람에 대해 알게 된다."

이 가르침을 떠올릴 때마다 명쾌해지는 기분이 듭니다. 제 존재의 이유를 깨닫게 하는 가르침입니다.

"과연 나는 어떤 인간일까? 도대체 나의 역할과 사명은 무엇일까?" 이런 고민을 해도 쉽게 답을 찾을 수 없습니다. 집에 틀어박혀서 머리를 싸매고 생각해본들 답은 떠오르지 않습니다. 왜냐하면 나라는 사람은 사회 속에 존재해야만 비로소 정확히 알 수 있기 때문입니다. 집단 속에서 지내야만 다른 사람과의 차이가 분명해지고, '나'라는 존재가 명확하게 떠오르는 것입니다.

암에 걸려서, 일자리를 잃어서, 친구나 동료가 없어서

무조건 내면으로만 파고들어 그 안에 갇혀버리면, 무인도에서 혼자 살아가는 로빈슨 크루소와 다를 바 없습니다. 무인도에 살고 있는 한, 자신을 잃어버린 채로 살아갈 뿐입니다. 자신을 발견한 기회도 없이 자신의 가치를 깨닫지 못한 채 살아갈 뿐입니다.

'나'라는 존재는 사회 안에서 찾을 수 있습니다. 죽음 앞에서도 마찬가지입니다. 사람들은 죽음 앞에서 이런 고민에 빠집니다. 내가 과연 좋은 사람이었을까, 나쁜 사람이었을까? 그 답은 혼자서 고민한다고 찾을 수 없습니다. 다른 이들과 소통하고 자신을 필요로 하는 사람들과 만나세요. 고민에 대한 실마리가 보일 것입니다. 그러니 지금 당장 거리로 나가 사람들을 만나야 할 때입니다.

고독을
두려워하지
마세요

저는 바닷가 작은 마을에서 태어났습니다. 식료품이나 잡화를 판매하는 가게들이 몇 군데 있을 뿐, 아주 조용한 마을입니다.

철이 들 무렵까지 이 작고 조용한 마을에서 자랐습니다. 학교에서는 선생님과 친구들과 왁자지껄하게 생활했지만, 수업이 끝나 집으로 돌아오면 혼자가 됐지요.

관계

혼자가 된 저는 많은 생각을 했습니다. 지금은 그 시절에 어떤 생각을 했는지 기억나지 않지만, 혼자 있는 것을 특별히 외롭다고 느끼지는 않았습니다. 그 시절에는 혼자 지내는 것이 당연했으니까요.

요즘 사람들은 혼자가 되는 것을 두려워합니다. 항상 누군가와 연결되어 있기를 바라지요. 관심받지 못하면 내가 무시당하는 것은 아닐까, 내가 미움받는 것은 아닐까, 나의 존재 가치가 없는 것 아닐까 하는 생각에 불안해집니다.

옛날에는 '혼자라도 기죽지 말고 힘내자'라며 용기를 내는 사람들이 많았습니다. 집에 돌아오면 혼자 공부하고, 책 읽고, 단련합니다. 하지만 지금은 집에 돌아와도 누군가와 이어져 있고 싶은 생각에 소셜 미디어에서 한시도 떨어지지 않습니다.

저는 그 어떤 소셜 미디어도 하지 않습니다. 유일하게 일기장 대신 사용하는 블로그가 있는데, 제 블로그는 기본적으로 일방통행입니다. 독자들이 제 글을 읽고 느낀 감상이나 코멘트를 쓸 수 있는 칸이 아예 없으니까요. 주변의 반응에 일희일비하고 싶지 않기 때문입니다.

페이스북이나 트위터를 시작하면 아무래도 상대방의 반응이 신경 쓰입니다. 그래서 저는 절대로 하지 않습니다. 함께 일하는 동료 중에도 하는 사람들이 많지만, 저는 거리를 두는 편입니다.

다른 사람들이 나에 대해 내리는 평가가 중요하기는 합니다. 하지만 평가에만 신경을 쓰다보면 나의 중심이 흔들립니다. 자신이 정말 하고 싶은 일을 할 수 없게 됩니다. 그야말로 본말전도 아닐까요?

제가 볼 때는 소셜 미디어 때문에 도리어 혼자 있는 시간이 늘어나고 있는 것 같습니다. 사람과 사람이 실제로 접촉하는 시간이 줄어들고 있습니다. 같은 공간에 있으면서도 말이 아닌 메신저를 사용해 대화합니다. 메신저 속의 나는 가장하기 쉽고, 감추기 쉽습니다. 여전히 나는 상대와 거리를 두고 존재합니다. 그러나 그렇게 해서는 집단 속의 나를 발견하기 어렵습니다.

관계

나는 어떤 존재인가? 나의 역할은 무엇인가? 나의 사명은 무엇인가? 이 해답을 찾으려면 집단 속에서 '나'라는 존재를 파악해야 합니다.

그런데 집단 속에서는 나를 겪을 기회가 점점 줄어듭니다. 더 큰 문제는 오늘날 사람들이 보내는 혼자 있는 시간이 진정한 고독의 시간은 아니라는 점입니다.

우리는 혼자 생각할 시간이 필요합니다. 자신의 존재나 사명, 역할이라는 것이 다른 사람들과 함께 있을 때는 생각할 수 없기 때문입니다. 그런 문제들은 진정으로 홀로 생각해야 답을 내릴 수 있는 것들이지요.

그러기 위해서는 고독한 시간이 필요합니다. 고독한 시간은 인생에서 절대적으로 필요한 것입니다. 고독하지 않으면 자신에게 주어진 역할과 사명을 찾아내기가 어렵습니다.

온라인에 접속해 있을 때는 혼자 있지만 혼자 있는 게 아닙니다. 댓글과 같은 반응을 계속 신경 쓰게 되고, 내 글을 누가 보고 있다고 계속 의식하게 됩니다. 즉, 혼자 있음에도 고독을 두려워하는 것이지요.

고독을 두려워해서는 안 됩니다.

주변의 평가에만 신경 쓰고 있으면 나다운 삶을 살 수가 없습니다. 집단 속에서 자신을 파악하는 것을 겁내지 않아야 하듯이, 진정으로 혼자가 되는 것도 두려워하지 말아야 합니다. 인간이 태어나서 죽을 때까지 겁내지 말아야 할 일입니다.

새로운
사람들과
어울려보세요

요즘은 가족이나 친척과도 정을 나누기
가 어렵다고들 합니다. 사람들은 마음이 따뜻한 누군
가를 간절히 원하고 있지요. 마음이 따뜻한 누군가란,
예를 들면 근처에 사는 할아버지와 할머니 같은 분들
혹은 피를 나누지는 않았지만 당신에게 관심을 갖고
조금 떨어진 곳에서 응원하고 지켜봐주는 사람들을

말합니다.

암철학 외래나 카페에 오시는 이유도 마음이 따뜻한 사람을 찾고 있기 때문입니다. 누군가가 나에게 관심을 갖고 응원해주고 있다고 믿는 사람은 강합니다. 암에 걸렸더라도 내 곁에 있어줄 사람이 있다면 끝까지 포기하지 않고 힘을 낼 수 있습니다.

제가 어릴 때, 제게 관심을 가져주는 사람이 반드시 한 명은 있었습니다. 친척도, 친구도 아닌 이웃에 사는 할머니께서 늘 나를 "오키짱, 오키짱" 하고 부르셨지요. 그 할머니는 제 어머니에게 "애기 엄마, 이 아이는 걱정할 거 없어요. 졸업하면 반드시 훌륭한 사람이 될 테니까 아무 걱정하지 말아요"라며 제 존재를 인정해주셨습니다.

어떤 위인에게는 할아버지가 그런 존재였다고 합니다. 할아버지는 그 위인의 부모에게 이렇게 말했습니다.

"이 아이는 자칫 잘못하면 비뚤어질 수도 있다. 하지만 어떻게 자라느냐에 따라 후세에 이름을 남길지도 모르니, 부디 심혈을 기울여서 가르치거라."

마음이 따뜻한 사람은 나의 일상생활과 관계없는 곳에서 찾는 것이 좋습니다. 전혀 모르는 사람들 속에서 느끼는 따뜻함은 훨씬 편안하고 안정적이기 때문이지요. 가까운 관계에서는 여러 가지 복잡한 감정이 끼어들기 쉽습니다.

만약 직장에서 일 때문에 피곤하다면 동료들과 이야기를 나누지 말고, 다른 분야의 사람들을 찾아보십시오. 하는 일이 비슷하면 시기와 질투가 생길 위험이 큽니다.

아이가 학교에 다닌다면 학부모 모임 등에 참가하는 것도 좋은 방법입니다. 학부모라는 입장은 같더라도 살아온 이력이 다르고, 생각도 다릅니다. 그런 사람들 속에서 공감과 위로를 받는 경험은 매우 큰 힘이 됩니다. 이처럼 지금까지 어울려보지 않았던 사람들을 찾아보십시오. 지금까지 가본 적 없는 곳에 당신이 필요로 하는 '만남'이 있습니다.

정말 좋은 것은 외부에, 거리에 있습니다. 적극적으로 찾아나서면 분명히 좋은 사람을 만날 수 있습니다. 이 드넓은 세상에 당신을 걱정하고 사랑해줄 사람이

단 한 사람도 없겠습니까? 그런 사람이 한 사람만 있어도 우리는 살아갈 강한 힘을 얻습니다. 30미터 뒤에서 지켜봐주는 사람이 있다면 누구나 강해질 수 있습니다. '인생의 마지막 순간에 놓였다'라는 생각이 든다면 이런 사람을 찾아보십시오. 삶이 달라지는 경험을 하게 될 것입니다.

상대가
틀렸어도
부정하지 마세요

우리에게 필요한 것은 정확한 논리나 이론보다 배려입니다. 논리와 이론은 설령 그 취지가 좋더라도 상대방의 마음을 다치게 할 수 있습니다.

필사적으로 애쓰고 있는 사람에게 "조금 더 분발하지 않으면 안 돼", 식욕이 없는 사람에게 "더 먹지 않으면 건강해질 수 없어", 시한부 삶을 선고받은 사람에게

"포기하면 지는 거야" 등. 이 모두가 논리요, 이론입니다. 틀린 말은 아닙니다. 하지만 이 말을 듣는 상대는 어떻게 생각할까요?

우리는 냉정한 논리보다 따스한 한마디가 필요합니다. 논리와 이론은 그다음이어도 괜찮습니다. 상대의 마음을 헤아리고 따스한 말을 건네는 것이 무엇보다 중요합니다.

만에 하나 상대가 틀렸어도 다짜고짜 부정해서는 안 됩니다. 이런 경우에도 논리보다 상대에 대한 배려가 우선임을 명심하십시오.

여러분 주변에는 이런 사람이 없는지 살펴보십시오. 문제부터 늘어놓는 사람 말입니다. 제 환자 중에도 있습니다.

"저 병원은 ○○해서 안 돼"라든가 "어제 왔던 환자는 ○○병으로 왔대" 등 묻지도 않은 이야기를 주저리 늘어놓습니다. 이런 경우에는 어떻게 대처해야 할까요?

상대방 이야기를 가만히 들으면서 부정도, 동의도 하지 않고 "아, 그래요?" 하고 끝내버리면 됩니다. 아무래도 상관없으니 그냥 내버려두면 되는 겁니다.

배려가 중요하다는 것을 아는 사람은 다른 사람이 나에게 하는 험담에도 의연하게 대처할 수 있습니다. 나쁜 말을 벼룩이나 모기한테 살짝 물렸다고 생각하고 귓등으로 흘려버릴 수 있습니다.

우리에게 필요한 것은 논리나 이론보다는 배려이고, 따스한 한마디라는 것을 알기 때문입니다. 그러니 상대가 설령 틀렸다고 해도 부정하기보다는 어떤 태도로 대해야 할지를 먼저 생각하십시오. 우리의 인생이 바로 그렇습니다. 내 삶이 설사 오류투성이일지라도 문제를 찾기보다 나를 따뜻하게 대하는 마음부터 가져보세요.

좋은 점을
발견하는 눈이 있다면
행복합니다

지금 시대는 무조건 평가, 평가가 우선입니다. 대학교수들조차 학생들의 평가를 받는 시대입니다. 평가에는 좋은 부분을 보고 보충해나가는 방법과 나쁜 부분을 보고 드러내는 방법이 있습니다. 대부분의 경우, 결점을 찾아내는 데 역점을 두고 있지요.

말하자면 감점법이라고나 할까요. 이것은 마이너스

사고입니다. 감점법에 익숙해지면 상대를 칭찬하기가 참 어렵습니다. 결과적으로 칭찬하지 못하는 사람이 늘어나는 셈이지요.

요즘 젊은이들에게 존경하는 인물이 없거나, 연장자나 선배를 공경하는 마음이 희박해지는 것은, 결국 무엇이든 평가의 대상으로 삼는 시대적인 영향 탓인지도 모릅니다.

개인적으로 종종 면접관을 맡아달라는 부탁을 받는 경우가 있습니다. 제일 먼저 서류심사가 있고 그다음이 면접입니다. 저는 서류심사 자체에는 크게 비중을 두지 않습니다. 서류로는 모든 것을 정확하게 알 수 없기 때문입니다. 큰 문제가 없는 한은 대부분 비슷한 점수를 주지요.

반면에 면접은 아주 중요하게 생각합니다. 만나서 대화를 나누어보면 그 인물이 보여주는 모습이 진짜인지 거품인지 알 수 있으니까요. 면접에서 제가 꼭 던지는 질문이 있습니다.

"당신의 아버지든 어머니든 상관없으니 부모님의 좋은 점을 3분 이내로 말해보세요."

어떤 이들은 "저희 아버지(어머니)는 훌륭한 분이십니다" 하고 입을 뗀 다음 구체적으로 어떤 점이 훌륭한지 본론으로 들어가게 됩니다.

그런데 대부분의 사람들이 "저희 부모님은 정말 훌륭한 분들입니다. 하지만……" 하고 말을 이어갑니다. 100명 중 99명이 이런 식입니다. 놀랍다고요? 왜 사랑하는 부모님에 대해 단점을 이야기하게 될까요?

3분 동안 줄곧 부모님을 칭찬만 하는 사람은 극히 드뭅니다. 그 이유는 면접관이 자신의 관찰력을 시험한다고 생각하기 때문입니다. 좋은 점만 말하면 관찰력이 부족하다는 평가를 받을지도 모른다는 생각에, 좋은 점뿐 아니라 나쁜 점도 이야기하려는 겁니다.

제가 보는 것이 바로 그 부분입니다. 저는 한 사람을 3분 동안 칭찬할 수 있는 인물을 높이 평가합니다. 누군가를 존경한다는 것은 바로 그런 것이기 때문입니다.

"존경하는 인물이 누구입니까?"라는 질문에 "하지만 (but)"이라는 접속사를 사용하지 않고 칭찬합니다. 나쁜 점을 알고는 있지만 굳이 이야기하지 않습니다. 이런 사람이야말로 진짜 인물입니다. 상대의 나쁜 점을 알고 있어도 굳이 말하지 않습니다. 모든 것을 받아들이려는 마음가짐입니다.

우리가 인생의 마지막 순간에 해볼 수 있는 일도 이것입니다. 나는 과연 3분 동안 누군가를 칭찬할 수 있는 사람인가? 나에게 그렇게 칭찬할 수 있는 존재가 있는가? 이런 생각을 하는 순간, 내 인생에서 무엇이 부족한지, 혹은 무엇이 남겨져 있는지를 확인해볼 수 있습니다.

제 생각에 누구나 3분 이상 칭찬할 수 있습니다. 칭찬이란 상대에게 달린 것이 아니라 나에게 달린 것입니다. 내가 그의 좋은 점을 발견할 자질을 갖춘 사람인지가 중요합니다.

행복한 사람이란 좋은 점을 발견하는 눈을 가진 사람이라고 믿습니다. 그리고 누군가를 그렇게 칭찬하는 동안, 내 마음이 따뜻해지고 뜨거워지고 행복해지는 경험을 하게 됩니다. 여러분도 한번 해보십시오. 내가 얼마나 행복한 사람인지 깨닫게 될 것입니다.

진정 소중한 것은
우리 눈앞에
있습니다

암철학 외래에는 그야말로 천차만별의 고민이 있는 분들이 찾아옵니다. 그중에서도 가장 많은 것이 가족이나 친척과의 관계에 대한 상담입니다. 집안의 누군가가 병이 들면, 지금까지 표면화되지 않았던 관계의 갈등과 오해가 드러나는 경우가 많습니다.

예를 들면 "남편이 옆에 있는 것만으로도 고통이에

요", "이제는 얼굴만 봐도 싫어요", "30분도 같이 있을 수가 없어요"라고 호소하는 아내들이 전체의 30퍼센트가 넘습니다.

저 역시도 일본 남성들이 참 냉정하고, 특히 가족들에게 다정하지 않다고 생각합니다. 분명히 인생의 우선순위가 뒤바뀌어 있기 때문이겠죠.

건강할 때에는 문제가 있다는 것조차 인식하기 어렵습니다. 애초에 '인생에서 정말 중요한 것은 무엇일까?'라는 생각을 해본 적조차 없습니다. 병이 들었다거나 크나큰 어려움에 직면해서야 비로소 '나에게 가장 소중한 것은 무엇인가?'를 생각하기 시작합니다. 인생의 우선순위를 깨닫는 것이지요. 이는 비단 여러분만의 이야기가 아닙니다. 대부분의 사람들이 지금 이곳이 아닌 아주 먼 곳, 손이 닿지 않는 '북극성'을 쫓고 있습니다.

정말 소중하고 귀한 것은 아주 가까이에 있습니다. 멀리 있어서 보이지도 않는 사람을 그리워하기보다 눈앞에서 항상 의지가 되어주는 사람을 소중히 여기고 그 마음을 표현할 방법을 궁리하세요.

지금까지 놓쳐왔던 가까운 곳에 관심을 갖게 되면, 관계는 놀랍도록 바뀝니다. 정말 소중한 것을 찾아낸 사람은 인생이 풍성해집니다. 먼 곳만 바라보고 있다면 가까운 곳은 영영 보이지 않습니다. 진정 소중한 것은 우리 눈앞에 있다는 것을 기억하십시오.

사람들의 시선을
의식하지
마세요

남의 험담을 하는 사람. 남에게 싫은 소리만 하는 사람. 어디에나 한 명쯤은 있습니다. 상담하러 오는 분 중에도 미움과 험담으로 골치를 앓는 사람들이 있습니다. 어느 시대, 어느 곳에서나 존재하는 변함없는 고민이지요.

그런 일로 일희일비해봤자 아무것도 해결되지 않습

니다. 그나마 상대가 주의를 기울이고 행동을 바꾼다면 다행이지만, 사람이란 그렇게 쉽게 변하지 않으니까요.

그럴 때는 상대를 무시해버리는 편이 낫습니다. 벼룩이나 모기에게 한 방 물린 셈 치고 묵묵히 차라도 마시며 속상한 마음을 삭이는 겁니다. 목숨에 지장이 없다면 그냥 모르는 척 넘어가세요. 30초만 참으면 상대는 사라져버리거든요.

그래도 참을 수 없을 때는 이렇게 생각하세요. "어차피 모든 사람은 죽으니까." 그러면 30초 정도는 눈 깜짝할 사이에 지나버립니다.

다른 사람이 자신을 험담하고 미워할 때는 '지금 당장 할 일은 오직 인내하는 것뿐'이라고 마음을 다잡으세요. 이를 악물고 상대방을 칭찬해보세요. 아니면 아무 말도 하지 말고 고개를 숙인 채 마음속으로 "이제 안녕" 하고 작별 인사를 하면 그만입니다.

물론 가만히 듣고 있다가도 도저히 참을 수 없을 지경이 될 수 있습니다. 한마디 쏘아붙이지 않고는 안 될 것 같습니다. 그럴 때는 신중하게 단어를 선택해서 일격을 가해도 좋습니다. 어떤 말이 효과가 있을까요?

"수준 이하네, 정말." 이런 말은 절대로 안 됩니다. 국회 답변 자리에서 "질문이 수준 이하군요" 하고 발언한 인물이 있었지만, '수준 이하네', '시시하네', 이런 말들은 상대를 더욱 화나게 할 뿐입니다.

"네, 잘 알겠습니다. 정말 감사합니다." 이렇게 선을 긋는 대꾸는 어떨까요. 효과 만점입니다. "당신과 마주하는 것은 오늘이 마지막입니다" 하고 최후통첩을 날릴 수 있는 대사가 아닐까요? 분명히 상대는 허탈하고 무안해서 입을 다물어버릴 것입니다. 또는 "알겠습니다. 이제 됐습니다. 그럼, 안녕히……" 이렇게 하고 싶은 말만 던지고는 당신이 먼저 그 자리를 뜨는 것도 좋은 방법입니다.

대개 투덜거리거나 시비를 걸어오는 이유는 외롭기 때문입니다. 외롭고 허전하기 때문에 사람들에게 억지를 부리고 쓸데없는 참견을 하는 겁니다. 어떻게든 당신과 엮이고픈 마음 때문입니다.

그렇기 때문에 '당신하고는 상대하고 싶지 않아'라고 알려주면 됩니다. 이것이 가장 좋은 방법입니다. 다만,

이 방법은 어디까지나 최후의 수단입니다. 보통은 벼룩이나 모기한테 한 방 물렸을 뿐이라고 무심히 지나쳐버리면 시간이 해결해줍니다.

험담이나 미움은 상대하지 마세요. 지금 당장 해야 할 일은 인내하는 것뿐입니다. 도저히 참을 수 없을 때, 당신은 '상대하고 싶지 않다'는 것을 알려주면 됩니다.

억지로
사랑할 필요는
없습니다

일부러 사랑하는 척하면서 '이렇게 하지 않으면 안 돼' 하는 의무감이 앞선다면 그다지 좋은 결과를 기대할 수 없습니다. 오히려 상대방에게 상처를 줄 수도 있습니다. 자기 자신을 괴롭히는 일이 될 수도 있고요.

2011년 3월 일본에 대지진이 일어났을 때, 자원봉사를 신청한 몇 명이 우리 집을 찾아왔습니다. 하룻밤 자고 다음 날 아침 일찍 재난 장소로 가기 위해서였지요.

출발 당일, 평소와 다름없이 표정들이 밝았습니다. 그런데 유독 한 청년이 어제의 웃는 얼굴은 사라지고, 비참한 표정으로 출발 준비를 하고 있었습니다. 말수도 거의 없었지요.

재난 장소에 도착한 일행은 일주일 동안, 열악한 상황 속에서 자원봉사 활동을 해나갔습니다. 하지만 그 청년은 2~3일 만에 집으로 돌아가버렸습니다.

'어려움에 처해 있는 누군가를 위해 무언가를 하고 싶다'는 그 마음은 참으로 고귀하고 아름답지만, 의무감이나 강박관념에서 비롯된 것이라면 오래갈 수 없습니다. 자신의 마음이 어떠한지 먼저 들여다봐야 합니다.

《신약 성경》의 〈로마서〉에도 "사랑에는 거짓이 없나니"라는 말씀이 있습니다.

'자원봉사를 하러 가야 하는데……. 꼭 가긴 해야 하는데……' 하면서 억지로 사랑을 실천하려고 하거나 마음의 준비가 되어 있지 않다면 시작하지 마세요. 자발적으로 가고 싶다는 마음이 생길 때 시작해도 늦지 않습니다.

당신이 하지 않아도 누군가가 그 일을 할 것입니다. 당신은 지금 당신이 할 수 있는 일을 하면 됩니다. 예를 들면 재난 지역에 가는 사람을 백업하거나 모금하거나 기부할 수도 있습니다. 찾아보면 당신이 할 수 있는 일은 매우 다양합니다.

마음이 내키지 않는데 억지로 사랑하려고 하지 마세요. 설령 어려운 사람을 위한 일이라도, 내일 당장 죽음을 눈앞에 두고 있더라도 마음의 준비가 될 때까지는 무리할 필요 없습니다.

자연스럽게 '하고 싶다', '가고 싶다'라는 마음이 우러나기를 기다리십시오. 그전까지는 조용히 있어도 괜찮습니다. 의무감이나 강박을 내려놓으면 자신의 마음을 자연스럽게 발견할 수 있습니다.

지금 당장
해야 할 일은
인내뿐입니다

정말 옳은 말이라면 망설이거나 주저해
서는 안 됩니다. 주저함이 없는 직설적인 표현은 오히려
상대방에게 상처를 주는 일이 없습니다. 부작용 제로의
언어 처방전. 그 순간은 조금 따끔하고 가슴에 박힐지
모르지만 조금 지나면 효과가 나타나면서 긍정적인 변
화가 생깁니다. 이것이 제가 생각하는 '정말 올바른 말'

입니다.

암으로 입원 중인 환자에게 "힘내서 암과 싸우세요", "포기하면 지는 겁니다"라는 말은 배려가 없는 형식적인 위로입니다. "곧 나을 거예요", "더 심하지 않아서 다행이네요"라는 말에는 배려하는 마음은 있지만 너무 무책임하지요. 겉만 아름다운 말이나 아무 의미 없는 말은 마음을 울리지 못합니다. 거짓말처럼 들리기 때문입니다.

암철학 외래에서는 환자분 한 사람 한 사람에게 언어처방전을 건넵니다. 앞에서도 이야기한 것처럼, 환자의 이야기를 들어주는 것만으로는 고민을 해결할 수 없기 때문입니다.

대부분의 경우, 위인들의 어록을 선물하고 있습니다. 위대한 인물들이 남긴 말은 배려가 넘치면서도, 망설임이나 주저함이 없이 직설적이기까지 합니다. 하지만 그럼에도 불구하고 상대에게 어떤 상처도 주지 않지요. 게다가 기운을 북돋워주고요.

일본 병리학의 아버지라 불리는 야마기와 쇼사부로 선생이 남긴 어록 중에 "지금 당장 해야 할 일은 인내뿐"이라는 말이 있습니다. 암에 걸리면 일, 돈, 가족, 장래 등 수많은 일들로 머리를 싸매는 탓에 치료에 전념하지 못하는 사람들이 있습니다. 약의 부작용 때문에 너무 고통스러워서, 이대로 그냥 죽어버리고 싶다고 울부짖는 사람도 있습니다.

그럴 때 처방하는 말은 "지금 당장 해야 할 일은 인내뿐"입니다.

"힘내세요"라거나 "포기하지 마세요"와 비슷한 말이지만, 말에 담긴 각오라고 할까요? 언어가 갖는 무게감이 다릅니다. 그리고 무엇보다 마음속으로 자꾸 되뇔 수 있다는 강점이 있지요.

암철학 외래를 찾는 환자분들은 모두 절박한 사람들입니다. 그런 사람들은 형식적이지 않은 직설적인 말을 듣기를 원합니다. 차라리 그러는 편이 마음에 확실히 꽂히기 때문입니다. 지금까지 3천 명이 넘는 환자들과 가족들을 만나면서 깨닫게 된 사실입니다.

망설이고 주저하면서 내뱉는 형식적인 말들은 우리를 외롭게만 만듭니다. 진짜 배려는 올바른 말을 전하는 것이고, 그것이 모두를 행복하게 합니다.

좋은 만남은
나를
성장시킵니다

"부모님이 나를 낳아주셨다면, 나를 사람답게 키우
신 이는 스승이다."

좋은 스승을 만나면 사람은 크게 성장합니다. 저는
30대에 미국 암센터로 유학을 떠났습니다. 당시 제가
소속되어 있던 암연구소 은사님이었던 스가노 하루오

선생이 "초심으로 돌아가서 종이와 연필만 쥐고 과학이 어디까지 할 수 있는지 알아오거라"라고 하시며 보내주셨습니다.

시험관 실험 같은 기술적인 연구는 어디를 가도 배울 수 있지만, 연구자로서의 자세나 사고방식에 있어서는 어떤 사람을 만나는지와 어떤 환경에서 배우는지가 큰 영향을 끼칩니다.

저는 미국에서는 알프레드 노드슨 박사 밑에서 배웠습니다. 박사는 '암유전학의 아버지'라 불리는 인물로, 유전성 암 발병의 메커니즘을 규명하는 등 수많은 업적을 이루어낸 분이지요.

저는 이분께 '경쟁적인 환경에서도 개성을 발휘하기 위한 5가지 조건'이라는 것을 배웠으며, 지금도 소중하게 지키고 있습니다. 그것은 이렇습니다.

1. 복잡한 문제는 단순하게 생각하는 편이 좋다.
2. 자신의 강점을 기반으로 행동하라.
3. '없어서는 안 되는 것'은 생각보다 많지 않다.
4. '없어도 되는 것'에 얽매이지 마라.

관계

5. 레드헤링(red herring, 마술 따위에서 사람의 주의를 딴
   데로 돌리는 일)을 주의하라.

　노드슨 선생과의 만남은 제 인생을 한 단계 업그레이드하는 경험이었습니다. 청소년기 때처럼 키가 단숨에 훌쩍 커버린 것 같은 기분마저 들었으니까요. 그 시절에는 잘 몰랐지만 나중이 되어서야 그것을 실감했습니다. 지금의 연구자로서의 자세와 태도는 모두 이때 만들어진 것입니다.

　헬렌 켈러는 가정교사인 앤 설리번 선생을 만나고 나서 극적인 인생의 변화를 겪었습니다. 최악의 어려움을 겪더라도 누구를 만나느냐에 따라 인생의 눈이 뜨일 수 있는 것입니다.

　저는 '암에 걸린 것'이 인생을 한 단계 업그레이드하는 경험이라고 생각합니다. 물론 병에 걸린 것 자체는 마이너스가 분명합니다. 하지만 그것을 계기로 자신의 인생을 돌아보며 좀 더 먼 시선에서 생각할 수 있게 됩니다. 그렇다면 병에 걸린 것 역시 하나의 귀중한 만남이 아닐까요?

"교육은 한 개인에게서 단수 혹은 복수의 개인에게로 전해지는 '생명' 같은 것입니다."

도쿄대 총장을 역임한 야나이하라 다다오 선생이 한 이야기입니다. 만남이라는 것은 마치 계단을 오르는 것처럼 사람을 쑥쑥 성장시킵니다.

병에 들었어도, 이를 인생에 있어서 마이너스라고 생각하지 마십시오. 병이 자신을 성장시키는 만남이라고 바꾸어 생각해보십시오. 자신의 인생을 다시 바라보는 계기가 됩니다.

"먼 곳만 보고 있으면,
가까운 곳은 보이지 않습니다.
인생의 우선순위는
의외로 가까운 곳에 있습니다."

잘 살아가는
삶에 대한
명쾌한 해답

좋다고
생각한다면
그냥 하면 됩니다

언제까지고 사람들에게 의논만 하다가는 '좋은 일'을 시작할 수 없습니다. 정말 '좋다'고 생각한다면 굳이 다른 사람에게 의견을 물을 것 없이 그냥 하면 됩니다.

암철학 외래를 시작하려고 했을 때, 저는 신뢰할 만한 은사님 두 분께 상의드렸습니다. 그런데 두 분 모두

"그 일이 실현되기만 한다면 쾌거일세!"라며 주저 없이 높이 평가해주셨습니다. 그래서 더 빨리 암철학 외래를 시작할 수 있었던 겁니다.

대동맥이 터지면 사람은 30초 만에 죽을 수도 있습니다. 그런 상황에서는 사람들과 상담하거나 머뭇거릴 시간이 없지요. 그럴 때 필요한 것은 오직 신속한 처방과 용기 있는 결단뿐입니다.

다른 사람에게 상담하지 않고 어떤 일을 시작하려면 그만큼 각오가 필요합니다. 다시 말하면 '담력'이 있어야 하지요. 걸핏하면 투덜거리고 시비를 거는 사람이 있다면 "내가 그렇게 만만해 보입니까!" 하고 고함을 쳐보세요.

번번이 자신을 변호하려는 태도를 보이면 상대에게 오히려 빈틈을 보이는 꼴이 됩니다. 또한 시작하려는 동기가 무엇인지도 중요합니다. 자신을 위한 것인지, 타인이나 사회를 위한 것인지 말입니다.

한 개인이 아무것도 할 수 없다고 생각하지 마십시오. 어떤 환경에 처해 있더라도 할 수 있는 일은 있습니다. 단 하나의 염기(鹽基)가 암의 원인이 되는 것처럼,

한 사람이 지구를 움직일 수도 있습니다. 저는 그렇게 믿습니다.

저는 암철학 외래를 혼자 시작했습니다. 지금은 전국에 80곳 이상의 암철학 외래와 메디컬 카페가 있지요. 아직 목표는 더 남아 있지만, 단기간에 이 정도로 확산하리라고는 꿈도 꾸지 못했습니다.

정말 좋은 일이라면 반드시 뜻을 함께할 동지들이 나타납니다. 말로 아무리 설득해도 인간은 그렇게 간단히 움직이지 않습니다. 행동해야만 비로소 그 마음이 우러나오는 법이니까요. 사람은 말로 설득하는 것이 아니라 마음을 움직이게 해야 합니다.

저는 암철학 외래 발기인이지만, 이 모임을 크게 확산시킨 것은 이 활동의 취지에 공감하고 지원을 아끼지 않은 수많은 분들입니다. 꽤 오래전부터 각종 미디어 회사들이 암철학 외래를 취재하고 홍보해주었지요. 그것만으로도 이미 제 기대와 상상을 뛰어넘은 일입니다.

"자신의 개성으로 큰 흐름을 만들라." 요시다 토미조 선생의 이러한 말씀과 생애를 스가노 하루오 선생께 배였습니다.

정말 좋은 것은 언젠가 널리 퍼지고 사회적 현상으로 자리잡습니다. 그리고 그 흐름을 시작하는 것이 바로 좋은 일을 위해 첫발을 내딛는 한 개인입니다.

함께한다는 것
자체가 좋은
추억입니다

저는 한 달에 한 번, 도쿄의 한 지역에서 독서모임을 열고 있습니다. 2007년부터 시작해서 10년이 훌쩍 넘었지요. 참가자들은 다양합니다. 환자나 환자의 가족들 외에 의사, 주부, 학생 들도 있습니다.

매회 스무 명 안팎의 사람들이 커다란 테이블에 둘러앉아 이야기를 나누지요. 혼자 읽기 어려운 책들, 한

번 읽어서는 이해하기 힘든 책들을 함께 모여 읽습니다.

독서모임에서는 우선 한 사람이 낭독합니다. 약 15분 정도 소요되지요. 그런 다음 참가자 전원이 읽은 파트에 대해 토론합니다.

토론이라고 하니까 조금 거창하게 들리지만, 솔직히 말하면 주로 개인적인 감상이나 의견을 나누는 정도입니다. 아주 자유로운 분위기에서 책을 읽고 느낀 점을 함께 나누는 것이죠. 그런 면에서 내용을 세밀하게 분석하는 '스터디 모임'과는 많이 다르다고 할 수 있습니다.

독서모임에 참가했다고 해서 어려운 책을 단번에 이해하게 되는 것은 아닙니다. 하지만 아무래도 좋습니다. 모르면 모르는 대로 좋지요. 어느 책이나 그렇지만, 끝까지 읽고 나면 '짜릿한 성취감'을 맛볼 수 있으니까요. 우리 독서모임에서는 무엇보다도 그것을 중시합니다.

혼자든 여럿이든 한 권의 책을 끝까지 읽고 나면, 집이나 회사로 돌아가서 자랑을 늘어놓게 될 것입니다. 그것이 중요하지요. 이러한 경험은 또 다른 책에 도전하

그릇

고 싶게 만듭니다.

저에게 독서모임은 하나의 추억 만들기입니다. 참가자들과 좋은 추억을 만들었다면 그것으로 좋지요. 내용을 이해했는지 못했는지는 별개의 문제입니다.

혼자서 할 수 없는 일을 모여서 함께하는 것. 그리고 성취감을 만끽하는 것. 그것은 비단 독서모임에 한정되지 않습니다. 어려운 일을 모여서 함께하면 좋은 추억을 쌓으며 계속 성장할 수 있습니다.

성급하게 성과를 얻으려 하지 말고, 짜릿한 성취감을 소중히 여기세요. 누군가와 함께하면 그것은 그것대로 좋은 추억이 됩니다.

일기를 쓰면
진지하게
살아갈 수 있습니다

일주일에 한 번, 800자 정도의 짧은 문장을 쓰는 습관이 있습니다. 초등학교 5학년 때, 담임 선생님이 "일기를 쓰세요"라고 말씀하셨던 것이 계기가 된 셈이지요. 그날 이후 줄곧 일기를 써오고 있습니다.

글 쓰는 습관은 그날그날 일어나는 일들을 진지하게

관찰하게 합니다. 그것은 생물학자가 연구대상을 스케치하는 것과 비슷하지요. 사진만으로도 충분히 기록을 남길 수 있지만, 조금 더 관찰력을 기르려면 글로 써보는 게 가장 좋습니다.

글을 쓸 때는 몇 가지 포인트가 있는데, 간단히 소개하겠습니다.

1. 시간대별로 적어나간다. 일주일 동안 있었던 일 중에서 대표적인 것을 세 가지 정도 선택하여 순서대로 적는다.
2. 일에 대한 감상이나 의견을 적는 것은 괜찮지만, 반성은 하지 않는다. 반성으로 시작하여 후회로 얼룩져버리는 글은 아무 의미가 없다. 지나간 일은 그냥 내버려두면 된다.
3. 글자 수는 자유롭게 정한다. 처음에는 200자 정도부터 시작해서 어느 정도 자신감이 생기면 800자까지 늘린다.

암철학 외래에 면담을 오는 환자들에게도 글을 써보

라고 권유합니다. 그날 있었던 일들을 관찰하다보면 자기 이외의 다른 일들로 관심이 향하기 때문이지요. 자기 안에 있는 것만 자꾸 끄집어내는 것은 그리 유쾌한 일이 아닙니다. 마음이 밖으로 향하지 않는 한, 사람은 밝고 긍정적일 수 없습니다.

이렇게 완성된 문장은 블로그에 공개해도 좋고 공개하지 않아도 좋습니다. 만약 공개할 경우에는 독자들이 댓글을 달지 않도록 하는 게 좋고요. 상대의 반응에 일희일비하지 않기 위함이지요.

일기를 쓰면 하루하루를 진지한 자세로 살 수 있습니다. 글을 쓰면서 마음을 밖으로 향하게 하는 효과도 얻을 수 있고요. 노트와 연필만 있으면 됩니다. 한번 시작해보세요.

때론 경험보다
독서에서 배우는 게
많습니다

스무 살부터 매일 30분씩 독서하는 습관을 들였습니다. 책을 읽다가 인상에 남는 구절이 있으면 빨간색으로 밑줄을 그었지요. 지금까지 같은 책을 여러 번 읽고 있는데, 빨간 줄을 긋는 부분은 크게 변하지 않더군요. 그리고 그 부분들이 모여 환자들에게 건네는 언어 처방전이 되었습니다.

한 방송에서 암철학 외래를 소개한 일이 있습니다. 그 때 프로그램 해설자로 출연한 작가 야나기다 구니오 선생이 저에 관한 일화를 이야기하면서 '젊을 때부터 독서습관을 들였다'라고 소개했습니다. 그 프로그램을 보고 저에게 "깊은 감명을 받았습니다"라는 메일을 보내온 분들이 있었습니다.

환자분들이 "선생님은 화가 나거나 슬프거나 고민스러운 일이 전혀 없으신가요?"라는 질문을 종종 합니다. 물론 있지요. 짜증 나고 힘든 일은 하루에도 몇 번씩 일어납니다. 하지만 곧바로 잊어버립니다. 정확하게 말하면 '그냥 내버려두는 것'이지요.

결코 그런 일이 없는 것이 아닙니다. 현실에서 끊임없이 벌어지지요. 그럼에도 불구하고 집착하지 않습니다. 매일같이 문제가 발생하지만 무관심할 뿐입니다.

인간은 모두 똑같습니다. 똑같이 화가 나고, 슬프고, 고민스럽지요. 다른 점은 바로 그 후에 있습니다. 화가 나고 슬퍼하고 고민한 다음, 어떻게 반응하는가? 그것이 그 사람의 그릇입니다.

저는 독서를 하면서 '반응하는 방법'을 배웠습니다.

대부분은 제가 실제로 경험했다기보다 독서를 통해 지식으로 알고 있는 것들입니다. 그렇기 때문일까요. 저는 스스로 경험한 것보다 훨씬 많은 것들을 책에서 미리 배웠습니다. 책은 제 인생에서 빼놓을 수 없는 존재이지요.

좋은 친구를 원하지만 얻지 못하는 사람이 있습니다. 마찬가지로 인생의 스승을 원하지만 찾지 못하는 이가 있습니다. 하지만 좋은 독서는 누구나 할 수 있습니다. 좋은 스승, 좋은 친구, 좋은 독서—인생의 3가지 중요한 만남 중에서 혼자서도 할 수 있는 것은 독서뿐입니다.

누구나 반드시 좋은 스승과 좋은 벗을 얻을 수 있는 것은 아닙니다. 하지만 좋은 독서는 누구나 할 수 있지요. 우리는 직접 경험하는 것보다 훨씬 많은 것들을 책에서 얻을 수 있습니다. 책을 통해 미리 어려움에 대처하는 법을 익혀두세요.

상대방의 행동이 고맙다면 곧바로 표현하세요

　　생각보다 많은 사람이 다른 사람을 칭찬하는 일에 서툽니다. 지금껏 살면서 다른 사람을 칭찬하는 훈련을 하지 않았기 때문입니다. 누군가를 칭찬하는 것은 상대를 잘 관찰하고 머리로 이해해서 하는 행동이 아닙니다. 순간적인 행동이지요.

　이것저것 재고 따지다보면 오히려 그 사람의 결점이

눈에 들어옵니다. 누구에게나 결점 한두 가지쯤은 있는 법이니 당연한 일이지요.

그렇지만 누군가를 칭찬할 때는 칭찬할 만한 일이 있을 때 곧바로 시도해보세요. 배우자가 정성껏 만든 식사가 맛있으면 "정말 맛있어요", 차 대접을 받으면 "고마워요"라고 말이지요. "고마워요"라는 감사도 결국은 칭찬하는 말 중 하나이니까요.

하루는 말기 암인 남편을 끝까지 돌본 한 부인이 찾아왔습니다.

"치료의 보람도 없이 남편이 세상을 떠났어요. 하지만 우리 두 사람은 마지막 순간까지 필사적으로 노력했지요. 그래서 후회는 없습니다. 덕분에 마음의 정리도 잘 되었고요. 다만 한 가지 안타까운 것은 남편이 고맙다는 말 한마디 없이 떠났다는 거예요. 그 말 한마디만 해주었다면 정말 기뻤을 텐데……. 그것이 가장 마음에 남습니다."

상대가 배려해주었다면 한마디라도 긍정적인 이야기

를 해주십시오. 칭찬하는 일이 어려울수록 이를 악물고 칭찬해야 합니다.

단 한마디면 됩니다. 그것으로 충분하지요. "고마워요"라는 말을 들은 상대는 그것만으로도 마음이 사르르 녹고 행복해집니다.

말기 암으로 세상을 떠난 남편 역시 아내에게 고맙다고 말하고 싶었을 겁니다. 하지만 너무 어렵게 생각하다가 기회를 놓치고 만 것이 아닐까요?

상대의 마음이나 행동이 고맙게 느껴진다면 솔직하게 입 밖으로 표현하십시오. 그것이 바로 이를 악물고 칭찬하는 것입니다.

늘 화를 내고 미워하고 피해 다닌다면 사람들은 모두 떠나갑니다. 분노와 미움 같은 감정을 계속 품고 있으면 사람들은 곁에 있지 않습니다. 자신이 먼저 상대를 받아들이지 않는다면 언제까지나 혼자일 수밖에 없습니다.

모든 것을 허용하고 받아들이려면 이를 악물고 억지로라도 칭찬하는 훈련을 해보세요. 무언가를 받아들이면 무언가를 얻을 수 있습니다.

마음이 놓이는
공간을
만드세요

'몸과 마음이 힘든 환자들이 망설이지 않고 들를 수
있는 공간을 만들자.'

그렇게 시작한 것이 '메디컬 카페'입니다. 일본 전역
에 100여 개소 넘게 마련되어 있습니다. 물론 무료이지
요. 환자와 그의 가족들, 우리 의료 관계자들이 마주

앉아 편안한 분위기에서 대화를 나눌 수 있는 공간을 만들고 싶었습니다. '주저하지 않고 편안하게 모일 수 있는 장소를 만들어보자'라고 결심했을 때, 처음부터 이것저것 완벽하게 결정하려고 한다면 오히려 역효과가 날 수 있습니다. 분위기가 경직되면 제대로 진행이 되지 않기 때문이지요.

그릇만 준비해두고 속은 텅 비워놓는 것. 말 그대로 암철학 외래처럼 테이블과 의자, 다과 정도만 있으면 충분합니다. 거기에 마음이 따뜻한 사람들(스태프)만 모여 있으면, 이곳을 찾는 이들의 마음을 채워줄 수 있습니다. 마음 편히 들를 수 있는 공간이 인생의 고통을 치유해주기 때문이지요.

어제까지 건강했던 사람이 하루아침에 우울증에 빠질 때가 있습니다. 그런 사람들이 무심코 발길을 돌려 찾을 수 있는, 바로 그런 공간이 필요합니다.

멋지고 훌륭한 장소의 도움을 받는 것도 좋고, 화려한 장식이 가득한 곳에서 마음의 위안을 얻는 것도 나쁘지 않겠지요. 하지만 그런 곳은 누구나 쉽사리 들를 수 있는 공간이 아닙니다. 사람에 따라서는 오히려 더 긴장하기도 하고요. 처음부터 내용을 정해버리면 누구나 움츠러들게 마련입니다. 분위기를 규정해버리면 누구나 마음을 열기 어렵습니다.

도쿄대학교 총장이었던 야나이하라 선생은 고향에 학생들을 위한 카페를 만드는 것이 꿈이었습니다. 실제로 고등학교 교장으로 지내면서 학교 근처에 아파트를 빌려 힘들고 어려운 학생들에게 개방해주었던 분도 있습니다.

저 역시 이러한 분들의 가르침으로 암철학 외래와 메디컬 카페를 시작할 수 있었지요. 제 본보기가 되었던 이분들이 없었더라면 저도 용기나 결단을 내리지 못했을 것입니다. 기본적인 콘셉트는 '누구나 편안하게 올 수 있는 공간, 그곳에 가면 무언가를 얻어올 수 있다는 확신'입니다. 여러분도 그런 치유의 공간을 찾아보십시오. 마음이 놓이는 공간은 엄청난 치유의 힘이 있습니다. 그런 공간을 찾는 일에 적극적으로 나서보세요. 몸이 편안한 곳에서 마음의 힘이 생겨나는 것을 느끼게 될 것입니다.

여유를
가지고
곁을 내주세요

암철학 외래에서는 컴퓨터도 진료기록부도 종이와 펜도 사용하지 않습니다. 저와 환자 사이에는 오로지 다과만이 놓여 있습니다. 저는 늘 여유로운 모습으로 환자에게 '자상한 참견'을 하지요. 이것이 암철학 외래의 콘셉트입니다.

'3시간을 꼬박 기다려서 고작 3분 진료'라는 야유가

있는 것처럼, 옛날부터 종합병원 의사들은 너무 바쁩니다. 환자 한 사람당 걸리는 진료 시간이 이렇게 빠듯한 것은, 최대한 많은 환자를 진료하기 위한 어쩔 수 없는 일인지도 모릅니다. 하지만 의자에서 엉덩이가 5센티미터쯤 공중에 떠 있는 의사에게 환자가 마음을 털어놓기란 쉬운 일이 아니지요.

그런 점에서 저는 정말 여유롭습니다. 결코 할 일이 없어서 그런 것은 아니지요. 제 나름대로 시간을 조절하면서 최대한 상대에게 맞추려는 것입니다.

"큰 인물은 시골에서 나온다"라는 말이 있습니다. 너무 바쁜 도시인들에 비해 시골에 사는 사람들은 시간적인 여유가 있습니다. 그런 여유가 마음을 넉넉하게 합니다. 세상의 틀이 아닌 자신만의 독창적인 유행을 만들어갈 수 있다는 의미입니다.

인터넷이나 스마트폰이 보급되면서 예전과는 상황이 너무도 달라졌지만, 예전이나 지금이나 '여유로움'에는 큰 가치가 있습니다.

좀 더 여유를 가졌으면 좋겠습니다. 너무 바쁠 때는 다른 이들에게 도움을 요청하면 됩니다. 할 일을 줄이면서 여유를 만드는 방법이지요. 꼭 내가 하지 않아도 되는 일들은 생각보다 많습니다.

부하 직원이 내가 아닌 다른 부서 사람들에게 업무 상담을 합니다. 가족과 대화가 거의 없고, 고민거리가 있어도 나에게 털어놓지 않습니다. 만약 이런 상황이라면, 아마도 당신이 늘 바쁜 모습을 보였기 때문인지도 모릅니다.

상대가 이야기하는데 컴퓨터 화면만 보고 있거나, 무언가 다른 일을 하면서 이야기를 듣거나, 이야기 중간중간 자꾸 시계를 들여다보거나 하지는 않습니까? 당신이 너무 바빠 보인다면 사람들은 마음을 열지 않습니다.

언제나 곁을 내주면 그야말로 완벽합니다. 곁을 내준다는 것은 경계하지 않는다는 것입니다. 당신의 품으로 마음껏 뛰어들 수 있는 '틈'이 있기 때문이지요.

결국은 여유롭고, 곁을 내주는 이에게 사람은 마음을 엽니다. 생각해보면 우리는 언제나 마음을 열고 내면을 보여줄 사람을 찾고 있습니다. 그런 사람을 찾는 것은 인간의 본능입니다. 그러니 나부터 그런 사람이 되어보세요.

인생이 피곤해지면 무덤으로 가보세요

마음이 지치거나 인생이 피곤하다는 생각이 들 때, 무덤을 한번 찾아가보세요. 그곳에서 삶의 허무함을 절실히 느껴보십시오.

인생을 죽음이라는 삶의 끝에서 바라보면 인내가 생깁니다. 인내심이 생기면 품성이 다듬어지고 삶의 희망이 솟구쳐 오릅니다.

아무리 위대한 사람도 반드시 죽습니다. 죽으면 담요 한 장만 한 크기의 묘지밖에 남지 않지요.

예전에 저는 삶이 고단하고 지칠 때마다 공원묘지를 산책하곤 했습니다. 그곳에는 제가 존경하는 분들이 잠들어 계십니다. 살아 있을 때 아무리 화려했더라도 죽으면 담요 한 장만 한 묘지 속으로 들어갑니다. 아무리 훌륭해도 어쩔 수 없는 인생의 순리이지요.

저는 그분들의 이야기를 듣고 싶어서 독서를 합니다. 이미 돌아가신 분들이니 직접 가르침을 받을 수는 없습니다. 하지만 책을 읽으면 그분들의 이야기를 들을 수 있지요. 제가 묘지를 찾는 것도 같은 이유입니다. 그분들이 잠든 묘지에서 담요 한 장 크기의 묘 앞에서 앞으로 살아갈 나의 인생을 생각합니다.

아무리 지치고 힘들어도 '누구나 죽으면 이렇게 되는구나' 하는 것을 새삼 깨달으면, 신기하게도 마음이 치유되는 느낌이 듭니다. 우리 모두 마지막에는 똑같은 곳으로 돌아갑니다.

그릇

"사람에게 필요한 것은
논리나 이론보다는
배려가 담긴 따스한 말 한마디입니다."

인간은
언어로
위로받습니다

● 암철학 외래란 무엇인가요?

　지금 일본은 두 명 중 한 명이 암에 걸리는 시대입니다. 암철학 외래를 찾는 환자의 대다수는 암에 의해 마음이 약해진 분들이지요. 이들은 시한부 선고를 받았다거나 암이 전이·재발해서 스스로 더 이상 아무 것도 할 수 없다는 불안에 시달리고 있습니다. 혹은 암에 걸렸다고 직장에서 소외되거나 쫓겨난 사람도 있습니다.

　암에 걸리면 사람들의 머릿속에는 '암=죽음'이라는 도식이 스치고 '왜?', '어째서 내가?'라고 묻게 됩니다. 또 '나는 무엇을 위해서 살아왔던 걸까?', '남은 인생을 어떻게 살아야 할까?', '이제 무엇을 해야 할까?'라는 삶에 대한 근본적인 질문을 던지며 그 답을 찾으려고 합니다. 이러한 삶과 죽음에 관한 철학을 의사와 환자의 입장을 넘어 함께 생각하는 것이 '암철학 외래'입니다.

● 상담은 어떤 식으로 진행되나요?

　'외래'라고 표현하지만 병원의 전문외래와는 다릅니다. 예약제의 일대일 면담이지요. 보통 30분에서 1시간이 걸리고, 무료입니다. 진단과 치료를 하는 게 아니라 의사와 환자가 대화를 나누는 것이 특징입니다.

　여기에서는 진료기록부도 청진기도 없습니다. 대화하면서 환자가 마음속에 품고 있던 여러 생각과 고민을 듣습니다. 대화가 끊기면 서로 침묵하며 차를 마시지요. 그러다가 다시 이야기하고, 침묵이 흐르면 다시 차를 마십니다.

　특별한 점은 여기에서 상담하는 분들께 제가 '언어처방'을 내려줍니다. 이야기를 들으면서 각자에게 필요한 위인의 명언을 찾아서 진심을 담아 전합니다. 상대의 표정을 살피며 이 말에 어떤 반응을 할까를 판별합니다. 간혹 어두운 마음에 언어라는 빛이 들어가고 전한 말이 마음에 닿으면, 눈물을 흘리기도 합니다. 인간은 언어로 위로받으니까요.

　　　　　　　　　　　　　저자 인터뷰

● 어떤 말을 전하시나요?

　상담하러 온 사람이 하는 이야기를 듣고, 태도를 관찰한 다음, 그 사람에게 필요하다고 생각되는 위인의 말씀에 나름대로의 해석을 더해서 4~5개 전합니다. 다만 위인들의 말씀을 있는 그대로 전하는 것이 아니라, 대화의 맥락 속에서 자연스럽게 전달합니다.

　위로의 말은 듣는 사람의 마음을 흔듭니다. 대화하면서 떠오르는 몇 개의 문장을 '조금 갑작스럽지 않을까?' 하고 생각되는 타이밍에 전하는 것이 상대의 마음에 더 와 닿습니다. 대체로 4~5개의 말 중에 한두 개를 기억해서 매일 마음속으로 반복하게 합니다.

　언어 처방은 환자의 시야를 넓힙니다. 차 운전을 예로 든다면 운전석에서만 보던 광경이 하늘에서 지상을 내려다보는 광경으로 바뀌게 합니다. 그러면 인생이라는 길의 목적지를 좀 더 넓게 바라보고, 자신의 상황을 객관적인 시점으로 볼 수 있습니다.

● '암철학'은 한국에서는 굉장히 낯선 단어인데요,
무슨 뜻인가요?

　제가 준텐도 대학에 오기 전 머물렀던 암연구소에
는 요시다 토미조 선생님이 소장으로 계셨습니다. 그
분에게 '암세포에서 생기는 것은 인간 사회에도 반드
시 일어난다'라는 사고방식을 배웠습니다. '암철학'이
라는 발상은 요시다 선생께 큰 영향을 받았습니다.
'암세포에서 생기는 것은 인간 사회에도 반드시 일어
난다'라는 것은 '암철학'의 사고방식을 한마디로 설명
해줍니다. 암세포라는 마이크로의 세계를 연구하다보
면, 인간 사회라는 매크로의 세계도 자연히 이해하게
됩니다. 암세포 연구를 하다보면 세계 평화를 어떻게
실현할 수 있는지도 구체적으로 알게 됩니다.
　'암철학'은 '생물학의 법칙'과 '인간학의 법칙'을 더
한 것이기 때문에 그 시야가 넓어지는 것입니다. 인간
의 세포가 왜 암화(癌化)되는가, 그 암화의 메커니즘은
인간 사회에서 한 명의 인간이 어떻게 타락하는가, 어

떻게 하면 그것을 회복시킬 수 있는가를 시사합니다.

또 우리의 신체에는 '암유전자'가 있는 것처럼 '암억제유전자'도 있습니다. 교감신경이 있는 것처럼 부교감신경도 있습니다. 결국 우리의 신체에는 상대하는 것이 공존합니다. 그 모습은 동심원이 아니라 2개의 중심을 가진 타원형으로 긴장감 위에서 훌륭하게 균형을 잡고 있습니다.

암도 공생이 아니라 공존입니다. 이것을 인간 사회에 적용한다면, 평화의 비법은 긴장 위에 균형을 유지하는 공존 관계를 쌓는 것이라고 하겠습니다.

한편으로는 환자의 입장에서 생각해볼 때, '암 상담'이나 '암 살롱'이라고 하면 상담에 응하거나 경청하는 등 소위 '위에서 아래로의 시선'이 됩니다. 의사와 환자의 관계가 위계적인 상태가 되고 말지요. 저는 같은 인간으로서 동등한 시선으로 환자와 대화하고 싶었습니다. '암철학'이라고 하면 의사와 환자도 그 의미를 찾아가는 과정이기 때문에 동등한 관계가 될 수 있습니다.

● 환자뿐만 아니라 환자의 가족이나 지인들을
   상담하기도 한다고 들었습니다.

　　많은 사람들이 냉담한 가족이나 친지들 때문에 괴
로워합니다. 다정한 타인을 찾으려는 것도 그 때문이
겠지요. 물론 환자의 가족에게도 환자가 처해 있는
상황이 익숙하지 않습니다.

　　병에 걸리면 민감해지고, 지금까지는 아무렇지도
않게 생각되던 것이 갑자기 마음에 걸리게 됩니다. 암
을 치료하는 것 못지않게 마음을 다독여야 하는 이
유입니다. 스스로의 틀을 벗어나 생각과 태도를 변화
시키는 일들이 필요하고요. 이는 환자의 가족이나 지
인들에게도 마찬가지입니다. 상황에 따라 자신을 알
맞게 조율할 필요가 있습니다.

　　　　　　　　　　　　　　　　저자 인터뷰

● 상담한다고 해서 암이 호전되거나 다시 살 수 있다는 확답을 듣는 것은 아닐 텐데요. 그럼에도 많은 사람이 상담을 신청하고 있습니다. 선생님께서는 이 상담으로 환자들이 어떻게 변화하길 원하시나요?

암철학 외래의 목적은 괴로움의 '해결'이 아닌 '해소'에 있습니다. 괴로움 자체는 없어지지 않고 남아 있다 하더라도, 그 사람 마음속에서 우선순위가 확실해지면 괴로움이 파고들지 않게 됩니다. 그것이 '해소'입니다.

해소하기 위해서는 자기 자신 이외에 다른 일들과 마주할 필요가 있습니다. 그래서 대화가 좋습니다. '병으로 고통스러운 나'라는 협소한 시야에서 벗어나 위에서 내려다보면, 객관적인 시점에서 자신을 마주하게 됩니다. 마이너스 사고에서 플러스 사고로 변하는 것이지요. 그곳에서 자신의 불행에만 매몰되어 있던 사람들의 시야가 넓어지고 우선순위가 조금씩 바뀌기 시작합니다. 그것이 암철학 외래의 공헌입니다.

● 종교가 달라도 괜찮은가요?

암철학 외래는 결국 환자가 암에 걸린 것을 계기로 보다 좋게 살아가는 법을 찾아내도록 돕는 것입니다. 이를 발전시켜 보다 많은 사람이 참여하도록 병원에서 번화한 장소로 옮긴 것이 암철학 외래 카페, 혹은 메디컬 카페입니다.

암철학 외래 카페는 시작한 지 8년이 되었고, 일본 전역에 있습니다. 이렇게 많은 사람에게 받아들여진 이유는 결국 의료로는 채워지지 않는 틈이 있었기 때문입니다. 그리고 그 틈은 일본의 교회에도 있습니다.

카페를 방문한 사람 중에는 교회에서는 좀처럼 상담하기 어렵다고 말하는 사람들도 적지 않습니다. 고민과 번뇌를 제일 먼저 가져가야 했을 교회가 본래의 기능을 충분히 다하지 못한 탓이지요. 기도나 설교도 물론 좋습니다. 하지만 대화를 충분히 듣는 것도 교회가 해야 하는 현대적인 역할이라고 생각합니다.

암은 기독교인이 아니더라도, 어느 때 어느 누구라

도 걸릴 수 있습니다. 그런 병을 키워드로 하는 대화의 장을 교회가 제공한다면, 더욱 많은 사람이 지지하고 격려하는 만남이 될 것입니다. 실제로 교회에서 시작한 메디컬 카페에서는 비기독교인의 참여도 많습니다. 특별한 준비는 필요 없습니다. 빈 그릇이 될 장소를 준비하고, 내용은 오는 사람이 채워주면 됩니다. 신앙에 의지하지 않고도 마음을 평온하게 지키는 방법은 있습니다.

● 가장 기억에 남는 환자, 혹은 내담자는 누구입니까?

한 여성은 유산 문제로 괴로워하고 있었습니다. 자신이 죽으면 유산을 어떻게 분배해야 할지, 가족에게 이 문제를 어떻게 이야기하고 나누어줘야 할지 등의 걱정으로 불안해서 아무 일도 손에 잡히지 않았습니다.

제 대답은 "내려놓으세요"였습니다. 자신이 죽은 후의 일을 지금부터 걱정한다고 해서 해결되지 않습니다. 만약 무엇인가 대책을 세우고 싶다면 유언장을 작성하는 것이 좋습니다.

그렇지만 틀림없이 괴로움의 본질적인 문제는 가족과의 대화 부족에 있습니다. 그녀의 고민을 듣고 있으면 그 기저에는 큰 후회가 깔려 있지요. 죽음이 다가오고 있더라도 해야 하는 일이 있습니다. 후회를 남기지 않는 행동을 하는 것도 하나의 방법입니다.

폐암에 걸린 어떤 남성은 자신이 담배를 계속 피운 것을 후회하고 있었습니다. 확실히 담배를 피우면 암에 걸릴 가능성이 높아집니다. 하지만 암을 포함한 모든 병은 인과관계가 명확하지 않습니다. 인간이 병을 제어할 수 없습니다. 물론 자신의 생활습관에서 끊는 쪽이 좋다고 느낀다면 지금부터 끊으면 됩니다. 하지만 병에 걸렸기 때문에 '그것이 병의 원인이 아닐까?' 하고 상상해서 후회하는 것은 소용없습니다.

● 죽음을 가장 가까이서 지켜본 사람으로서 삶에 대한 남다른 시각과 철학이 있으실 것 같습니다.

암에 걸린 것을 계기로 죽음을 의식한 사람들은 이런저런 후회를 합니다. 하지만 그 가운데에도 제가 유감스럽게 생각하는 것은 병에 걸리고 나서야 '나의 인생은 도대체 무엇이었나?' 하는 후회입니다.

세대와 성별에 관계없이 자신은 사는 보람이 없고, 있어야 할 곳에 있지 않다고 느끼는 사람이 대단히 많습니다. 하지만 그렇게 느끼는 사람들이 나태해서 스스로 타락한 인생을 보내고 있는가 하면 그것은 아닙니다. 오히려 열심히 일해서 가정에서도 자신의 의무를 다했던 사람이 대부분입니다.

자신의 인생에서 의미를 찾지 못하는 것은 언제나 타인과 비교하고 있기 때문입니다. 인간은 가치를 확인하기 위해 무엇인가와 비교하는 버릇이 있습니다. 하지만 인생을 놓고 볼 때, 그것은 부질없습니다. 어떠한 인생이라도 의미가 있고, 저마다 훌륭합니다. 우리

저자 인터뷰

모두에게는 정해진 사명과 역할이 있습니다. 그것은 세계에서 인정받는 위업에 한정하지 않습니다. 누군가의 아버지로서, 어머니로서의 역할도 있지요. 결국 '사장', '임원' 등의 직함을 치워버리고, 자신을 받아들이는 것이 후회를 남기지 않기 위한 첫 번째 걸음입니다.

일본은 '죽음의 질(quality of death)'에 대한 토론이 유럽 등과 비교해서 늦어지고 있기 때문에 암에 걸리고 나서야 처음으로 '죽음'에 대해 생각하는 사람이 많습니다. 또한 죽음을 부정적인 것으로 여겨 멀리해야 한다는 생각도 가지고 있습니다. 그렇지만 '죽음은 도대체 무엇인가?', '나는 어떻게 죽어가고 있는 걸까?'를 생각해본 적 있다면, 만일의 경우에도 크게 당황하지 않을 수 있습니다. 마음에 여유가 생기면서 평온해지는 것입니다.

타인과 비교하면서 인생을 원망하거나 과거를 후회하며 사는 것은 슬픈 일입니다. 시한부 선고를 받아도 자포자기하지 않고, 매일매일을 소중하게 보내보세요. 그 자세를 소중한 사람들에게 전할 수 있다면, 누군가에게 용기를 북돋아주는 기억을 선물하게 됩니다.

옮긴이 | **김윤희**

경희대학교 일어일문학과를 졸업하고, 현재 출판번역 전문 에이전시 베네트랜스에서 전속
번역가로 활동 중이다. 옮긴 책으로는 《쓸모 있는 생각 설계》《장사의 기본》《멀리 갈 수 있
는 배》《시시하게 살지 않겠습니다》《사람은 누구나 다중인격》《콜드리딩》 등이 있다.

내일 세상을 떠나도 오늘 꽃에 물을 주세요
3천 명의 삶의 마지막을 위로한 감동의 언어 처방전

초판 1쇄   2016년 12월 20일
개정판 1쇄 2020년 9월 7일

지은이 | 히노 오키오
옮긴이 | 김윤희

발행인 | 문태진
본부장 | 서금선
책임편집 | 송현경   편집 1팀 | 김혜연 송현경

기획편집팀 | 이정아 박은영 김예원 정다이 오민정 허문선 박지영 김다혜
마케팅팀 | 김동준 이주형 김혜민 김은지 정지연   디자인팀 | 김현철
경영지원팀 | 노강희 윤현성 정현준 조샘 김기현 최지은
강연팀 | 장진항 조은빛 강유정 신유리

펴낸곳 | ㈜인플루엔셜
출판신고 | 2012년 5월 18일 제300-2012-1043호
주소 | (06040) 서울특별시 강남구 도산대로 156 제이콘텐트리빌딩 7층
전화 | 02)720-1034(기획편집) 02)720-1024(마케팅) 02)720-1042(강연섭외)
팩스 | 02)720-1043   전자우편 | books@influential.co.kr
홈페이지 | www.influential.co.kr

한국어판 출판권 © ㈜인플루엔셜, 2016

ISBN   979-11-89995-97-3 (03180)